More praise for

Paper Birds: Feather by Feather
Pájaros de papel: Pluma por pluma

"In *Paper Birds: Feather by Feather / Pájaros de papel: Pluma por pluma*, the feathers of Sonia Gutiérrez's birds are poems, stories, histories, collected in this unique avant-garde collection of American poetry. Similar to Eduardo Galeano's *Trilogy of the Americas*, Sonia Gutiérrez reminds us that the Americas fed the world when in dire circumstances, not in a microcuento but in detailed, descriptive full-blown poems that like birds extend their wings to us: '*Centuries later, can you imagine the Irish and Italians without the Incan papa in their Irish stew and ruby red tomatl in Italian spaghetti sauce so far away from the infallible memory of the motherland?* In Español, *tomate Roma*, in Italiano, *pomodoro Roma*, and in English, *plum tomatoes*.' All this, so we can witness the perfect underside of their struggles in a new genre of poetry, what I call 'native informant poetry,' after Gayatri Spivak coining of 'native informant,' and then Renato Rosaldo's use of the term to indicate that it is now the true native informants, that are informing, and I add, writing books. Her poem, 'The Frontera's Potato Eaters,' is worth the price of entry to the full collection. There are intricate gems and unique contributions in this collection of writing from our internal colony."

—**Gabriella Gutiérrez y Muhs, Ph.D.**, author of *¿How Many Indians Can We Be?* and *Fresh as Lettuce: A Memoir*

"I once heard Juan Gregorio Regino, Mazatec poet, affirm: 'The true poet is a *chjïne*, a healer,' this concept referred to María Sabina converges in a singular way the poetry of Sonia Gutiérrez, where the poet becomes the creator of songs of an entire community wounded by history, and her verses the balm, conjured words that permit the flight of birds in liberty."

—**Susana Bautista Cruz, Indigenous languages advocate**

Paper Birds: Feather by Feather / Pájaros de papel: Pluma por pluma
by Sonia Gutiérrez. © Sonia Gutiérrez, 2024. All rights reserved.

ISBN: 979-8868907302

Published by El Martillo Press
in the United States of America.
elmartillopress.com

Cover art: *Bird Girl Series* © 2023.
reproduced by courtesy of the artist, Quetzalli Mendoza;
all rights reserved.

Spanish editor, Dr. María Dolores Bolívar

Cover design by Matthew Revert
matthewrevertdesign.com

Set in Garamond.
Typeset by David A. Romero and Sonia Gutiérrez.

NOTICE: SCHOOLS AND BUSINESSES
El Martillo Press offers copies of this book at quantity discount with bulk purchase for educational, business, or sales promotional use. For information, please email the publisher at elmartillopress@gmail.com.

Paper Birds:
Feather by Feather

Pájaros de papel:
Pluma por pluma

Sonia Gutiérrez

ALSO BY SONIA GUTIÉRREZ

Spider Woman / La Mujer Araña

The Writer's Response, 6th edition (coeditor)

Dreaming with Mariposas

In Memoriam

Los 43

Estela Gutiérrez   Juan Gabriel

Tiburcia Azúcar Mendoza   Manuel Jaimes

Dra. Teresa González-Lee   Francisco X. Alarcón

Carlos Armando Islas   Luis Antonio Mercado

Santiago Jaimes   José Eliseo Gutiérrez

María de los Ángeles Barajas "Jela"

José Jaimes Coria "Chepe"

Manuel Sebastián Cortés

Amelia Islas de Gutiérrez

Kathryn Child

Agustín Jaimes

Aarón Ávila

Contents / Contenido

Paper Birds:
Feather by Feather

Selected Spanglish translations
by Francisco J. Bustos

Pájaros de papel:
Pluma por pluma

Traducciones selectas en spanglish
por Francisco J. Bustos

INTRODUCTION

Sonia Gutiérrez writes poetry as testimony, expressing through her lyric voice; articulating and confronting current cultural struggles: migrations, multiculturalism, multilingualism, and feminisms. On other occasions, Sonia Gutiérrez's writing explores poetic registers that allow her to construct her own cosmology: "I am a Wind Woman from the whirlwind of memory" / "Soy Mujer Viento del remolino de la memoria. [...] "I am a Bird Woman fluttering through time" / "Soy Mujer Pájaro que revolotea a través del tiempo." And the accurate selection of the title, *Paper Birds: Feather by Feather / Pájaros de papel: Pluma por pluma*, as a metaphor refers to the coming together of freedom and writing; to the author, writing allows her to be self-assertive as a Chicana and thus parallels her reinvention and survival through words.

Memory is present in this book dedicated to her ancestors: to Santiago Jaimes, her uncle; to Estela Gutiérrez, her mother; to her aunts and uncles from Michoacán, the Mexican lands where her roots find themselves intertwined with her verses. Other characters accompany her in their affective and communal ties. Thus, we find the reference to the 43 students of Ayotzinapa, missing since September 26th and 27th of 2014. Those names depict a bird about to fly, or better said, the print page becomes the attempt to capture their flight.

Chicano culture as an aesthetic and literary project, according to the Cuban Mexican critic and writer, Aralia López González (1944–2018), "arises as a function acknowledging one's difference, within the definition of one's community, and to defend one's integrity within the national space that despite the support of minorities, becomes increasingly homogenizing and competitive" (1995: 58).[1]

---

[1] English translation by Dr. María Dolores Bolívar.

Chicana literature is also the result of a long and complex struggle among writers coming from Mexican communities or children of migrants living in the United States as is the case of Sonia Gutiérrez. Gutiérrez strives to turn visible and to reaffirm her ancestral roots from her own multicultural and bilingual reality. In Gutiérrez's works, both poetic and narrative, female characters dwell in the spirituality and resistance of the Indigenous world, through symbolic elements: "I am a Corn Woman from the harvest of my ancestors" / "Soy Mujer Maíz de la cosecha de mis antepasados." These verses show the power to evoke and memorialize the plight of one of the most relevant voices in the poetic tradition of Indigenous languages: María Sabina[2].

Now to the mention of *Tata* Sol (Grandfather Sun) and *Nana* Luna (Grandmother Moon) in the poem: "In The Garden of Dreams" / "En El Jardín de los Sueños," referring to the way people from Michoacán still call their gods, but also their grandparents, the respected elderly inherited through the Spanish language, "letters armed" / "with hoes spurring our destiny."

In conveying the previous thoughts, Gutiérrez reveals knowledge of the Indigenous world to which she also belongs, thus reinvigorating the value of writing. This book of poems is inscribed, without a doubt, in a continuum within the context of Chicana literature written by women. As writers of previous generations, such as Gloria Anzaldúa (Texas, 1942–Santa Cruz, California., USA, 2004); Norma Alarcón (Monclova, Coahuila, México., 1943); Lucha Corpi (Jáltipan, Veracruz., México, 1945); Norma Elia Cantú (Nuevo Laredo, Tamaulipas. México., 1947); Carmen Tafolla (San Antonio, Texas, USA, 1951); Ana Castillo (Chicago, USA, 1953) and Sandra Cisneros (Chicago, USA, 1954) to cite a few of her precursors, Sonia Gutiérrez finds in her bilingual writing a critical identity that repositions her conception of being, that is, a clear political consciousness of what this repositioning implies. Her contemporary vision revalues Mexican legacy, moving beyond the mere bicultural referents. Her writing

---

² María Sabina (Huautla de Jiménez, Oaxaca., 1894–1985). Monolingual, Mazatec Shaman. Her ritual singings refer to the poetic tradition of the Indigenous literatures. Her prayers and healing songs have been included in several anthologies, such as *Ómnibus de poesía mexicana* (Presentation and notes by Gabriel Zaid) (México: Siglo XXI, 1971).

undertakes multiculturalism denouncing problematic social and economic—racism and discrimination—that generates massive displacement of both men and women who leave their lands to insert themselves from infancy in a world that is both globalized and violent. At the same time, her poetry encompasses the defense of human dignity.

Paper Birds: Feather by Feather / Pájaros de papel: Pluma por pluma is divided in three parts; each contains fourteen, twelve and fourteen poems and one short story weaving the political, the collective, and the communal, and alternatively offering poetic well-rounded images, such as "Like Dragonflies" / "Como las libélulas"; "Bird on a Bough" / "Pájaro sobre la rama"; "Neither Rooster, Nor Bird, Nor Human" / "Ni gallo, ni pájaro, ni humano" and "Paper Birds" / "Pájaros de papel" / "Paper Pájaros." In each of those parts lie the attractiveness and merits, that is, Gutiérrez's concern regarding how forms channel her verses, her musicality, and the new modes of poetic expression as present in "Bones Speak" / "Los huesos hablan" / "Huesos Speak":

"Ayotzinapa: river of little squash."

Their dogs	Sus perros	Their perros
behaved	se comportaban	behaved
as if	como si	as if
it was	fuera	it was
the last	el último	the last
bone	hueso	hueso
but their	pero sus	pero los
owners	dueños	dueños,
knew tons	sabían	they knew
and tons	que había	there were
of bones	toneladas	tons
were stored	y toneladas	and tons
in their	de huesos	of huesos
white	almacenados	almacenados
house	en su casa	en su white

at Los Pinos	blanca	house
in government	en Los Pinos	at Los Pinos,
palaces	y en los palacios	and in the palacios
dwarfing	de gobierno	de gobierno
the little	achicando	dwarfing
houses	las casitas	las casitas
of Ayotzinapa	de Ayotzinapa	of Ayotzinapa

I cannot fail to mention the selection of poems translated by Francisco J. Bustos into Spanglish—where Spanish and English merge, in an "interlingual" exercise through which new semantic and sounding new textualities leave an imprint. This appears in the translation of "An American Landscape" / "Un paisaje norteamericano" by Violeta Orozco, a young Mexican poet and translator who shows a genuine interest in the poetry of this author. This poem describes the fatal night of February 16, 2012, when Trayvon Martin, a 17-year-old African American teenager, was killed with a firearm by George Zimmerman, self-proclaimed captain of the Neighborhood Watch at The Retreat at Twin Lakes in Sanford, Florida. With great strength, the poem closes with an antiracist reflection where pain, courage, and hope surface. And what about Justice?

It is in the next poem "The Indictment of Index Fingers and Thumbs" / "La acusación de los dedos índices y pulgares," where, masterfully, Justice questions these fingers: "Who pulled the trigger of the pistol that killed Trayvon Martin in Gardens, Florida?" and similarly, as other six crimes, which happened between 2009 and 2018. "And so, Judge Justice / announced her verdict: / 'Guilty! Guilty! Guilty! Guilty! Guilty! Guilty! Guilty! Guilty! Guilty! Guilty! Guilty!'"

I once heard Juan Gregorio Regino, Mazatec poet, affirm: "The true poet is a *chjine*, a healer," this concept referred to María Sabina converges in a singular way to the poetry of Sonia Gutiérrez, where the poet becomes the creator of songs of an entire community wounded by history, and her verses the balm, conjured words that permit the flight of birds in liberty.

Susana Bautista Cruz, writer of Mazahua origin
Translation by Dr. María Dolores Bolívar, Ph.D.

References

López González, Aralia. "Consideraciones para pensar las diferencias entre las escritoras mexicanas y chicanas contemporáneas." *Las formas de nuestras voces: Chicana and Mexicana Writers in Mexico*, edited by Claire Joysmith, CISAN/Third Woman Press, 1995, pp. 50–64.

Introducción

Sonia Gutiérrez escribe poesía testimonial que a través de una voz lírica articula y enfrenta las tensiones culturales contemporáneas: las migraciones, la multiculturalidad, el plurilingüismo y los feminismos. En otras ocasiones, su escritura explora registros poéticos con los que construye su propia cosmogonía: "I am a Wind Woman from the whirlwind of memory" / "Soy Mujer Viento del remolino de la memoria. […] "I am a Bird Woman fluttering through time" / "Soy Mujer Pájaro que revolotea a través del tiempo". Y la acertada elección del título *Paper Birds: Feather by Feather / Pájaros de papel: Pluma por pluma* cuya metáfora refiere a la libertad y la escritura juntas; para la autora escribir es autoafirmarse como chicana, es sinónimo de reinvención y sobrevivencia a través de la palabra.

La memoria está presente en este libro dedicado a sus ancestros: a Santiago Jaimes, su tío; a Estela Gutiérrez, su señora madre; a sus tíos— hombres y mujeres procedentes de Michoacán, tierras mexicanas cuyas raíces permanecen arraigadas en sus versos. La acompañan otros personajes que establecieron en vida entrañables lazos afectivos y comunitarios. Así como la mención a *Los 43 normalistas de Ayotzinapa* desaparecidos el 26 y 27 de septiembre de 2014. Con estos nombres se dibuja un ave a punto de volar o se intenta fijar el vuelo en la página impresa.

La cultura chicana como proyecto estético-literario, de acuerdo con Aralia López González (1944–2018), cubana-mexicana crítica y escritora, "nace en función de un reconocerse diferente para *ser* en cuanto colectividad; y con el propósito de defender su integridad dentro de un espacio nacional que, no obstante el apoyo a las minorías resulta crecientemente homogeneizador y competitivo" (1995: 58).

En este sentido, la literatura chicana es también resultado de una larga y compleja lucha de los autores procedentes de comunidades mexicanas o hijos de migrantes radicados en Estados Unidos, como es el caso de Sonia Gutiérrez, por visibilizar y reafirmar sus raíces ancestrales desde lo multicultural y lo bilingüe. Así en su obra ya sea poética o narrativa, los personajes femeninos recrean la espiritualidad y la resistencia del mundo indígena a través de elementos simbólicos: "I am a Corn Woman from the harvest of my ancestors." / "Soy Mujer Maíz de la cosecha de mis antepasados". Versos de gran poder evocativo que rememoran los cantos de la figura más relevante de la tradición poética en lenguas indígena: María Sabina.[3]

Así como la mención de *Tata* Sol y *Nana* Luna en el poema "En El Jardín de los Sueños" / "In The Garden of Dreams", que refiere a la manera en que los pobladores de Michoacán aún siguen nombrando a sus deidades, pero también a los abuelos, a la *gente de respeto* que le ha heredado el español, "las letras armadas" / "con azadones arreando nuestro destino".

Lo anterior, revela el conocimiento del mundo indígena al que también pertenece y revalora en su escritura. Este poemario está inscrito, sin duda, en un *continuum* en la historia de la literatura chicana escrita por mujeres. Al igual que las escritoras de generaciones previas como Gloria Anzaldúa (Texas, 1942–Santa Cruz, California., EE. UU., 2004); Norma Alarcón (Monclova, Coah, Méx., 1943); Lucha Corpi (Jáltipan, Ver., Méx, 1945); Norma Elia Cantú (Nuevo Laredo, Tamps. Méx., 1947); Carmen Tafolla (San Antonio, Texas, EE. UU., 1951); Ana Castillo (Chicago, EE. UU., 1953) y Sandra Cisneros (Chicago, EE. UU., 1954), solo por citar a las pioneras; Sonia Gutiérrez encuentra en la escritura bilingüe una postura identitaria y crítica del *ser*, es decir, tiene una clara conciencia política de lo que esto implica. Su visión contemporánea revalora el legado mexicano y va más allá de los referentes biculturales. Su escritura aborda la multiculturalidad denunciando las problemáticas económica y social— racismo y discriminación —genera el desplazamiento de hombres y mujeres— que abandonan sus tierras para insertarse desde la

---

[3] María Sabina (Huautla de Jiménez, Oax., 1894–1985). Curandera mazateca monolingüe. Sus cantos rituales son referencia de la tradición poética de las literaturas en lenguas indígenas. Sus rezos y cantos curativos también han sido incluidos en antologías como *Ómnibus de poesía mexicana* (Presentación, compilación y notas de Gabriel Zaid) (México: Siglo XXI, 1971).

infancia en un mundo globalizado y violento. Y, al mismo tiempo, su poesía representa la defensa de la dignidad humana.

Paper Birds: Feather by Feather / Pájaros de papel: Pluma por pluma está dividido en tres apartados; cada uno contiene catorce, doce y catorce poemas y un cuento que van trenzando lo político, lo colectivo, lo comunitario. Y, alternadamente, nos ofrece imágenes poéticas bien logradas como "Like Dragonflies" / "Como las libélulas"; "Bird on a Bough" / "Pájaro sobre la rama"; "Neither Rooster, Nor Bird, Nor Human" / "Ni gallo, ni pájaro, ni humano" y "Paper Birds" / "Pájaros de papel" / "Paper Pájaros". En todo ello radica su atractivo y mérito, es decir, en la preocupación por las formas de presentar sus versos, en su musicalidad y en los nuevos modos de expresión poética como "Bones Speak" / "Los huesos hablan" / "Huesos Speak":

"Ayotzinapa: río de las calabacitas"

Their	Sus perros	Their perros
dogs behaved	se comportaban	behaved
as if	como si	as if
it was	fuera	it was
the last	el último	the last
bone	hueso	hueso
but their	pero sus	pero los
owners	dueños	dueños
knew tons	sabían	they knew
and tons	que había	there were
of bones	toneladas	tons
were stored	y toneladas	and tons
white	almacenados	of huesos
house	en su casa	almacenados
at Los Pinos	blanca	en su white
in government	en Los Pinos	house,
at Los Pinos	blanca	house,
in government	en Los Pinos	at Los Pinos,
palaces	y en los palacios	and in the palacios
dwarfing	de gobierno	de gobierno
the little	achicando	dwarfing

| houses | las casitas | las casitas |
| of Ayotzinapa | de Ayotzinapa | of Ayotzinapa |

No puedo dejar de mencionar la selección de poemas con la traducción de Francisco J. Bustos al *Spanglish*— donde se fusionan el español y el inglés, como un ejercicio de "interlingüismo" con lo que se logran nuevos efectos semánticos y sonoros, nuevas textualidades. Así como la traducción de "An American Landscape" / "Un paisaje norteamericano" por Violeta Orozco, joven poeta y traductora mexicana que se ha acercado con interés genuino a la obra de la autora. Este poema describe la fatídica noche del 16 de febrero de 2012, en que Trayvon Martin, adolescente afroamericano de 17 años, fue asesinado a tiros por George Zimmerman, el autoproclamado capitán de Neighborhood Watch en The Retreat de Twin Lakes en Sanford, Florida. De gran fuerza, el poema cierra con una reflexión antirracista donde el dolor, el coraje y la esperanza están presentes. ¿Y la Justicia?

Es en el siguiente poema, "The Indictment of Index Fingers and Thumbs" / "La acusación de los dedos índices y pulgares", donde magistralmente la Justicia interpela a estos dedos: "¿Quién jaló el gatillo de la pistola que mató a Trayvon Martin en Gardens, Florida?" al igual que a seis afroamericanos cuyos crímenes ocurrieron entre 2009 y 2018. "Y entonces la Juez Justicia / anunció su veredicto: '¡Culpable! ¡Culpable! ¡Culpable! ¡Culpable! ¡Culpable! ¡Culpable! ¡Culpable! ¡Culpable! ¡Culpable! ¡Culpable! ¡Culpable!'"

Alguna vez escuché a Juan Gregorio Regino, poeta mazateco, afirmar: "El verdadero poeta es un *chjine*, el curandero", este concepto referido a María Sabina confluye de manera singular en la poesía de Sonia Gutiérrez, donde la poeta se convierte así en la forjadora de cantos de todo un pueblo herido por la historia y sus versos constituyen un bálsamo, palabra conjurada que permite el vuelo de los pájaros en libertad.

Susana Bautista Cruz,
Escritora de origen mazahua

Referencias

López González, Aralia. "Consideraciones para pensar las diferencias entre las escritoras mexicanas y chicanas contemporáneas". *Las formas de nuestras voces: Chicana and Mexicana Writers in Mexico*, editado por Claire Joysmith, CISAN/Third Woman Press, 1995, pp. 50–64.

I

Wicked World

I was five
when the world
opened
itself up to me.
Open-eyed,
I peeked through
its invisible curtain
as our neighbor
pushed Elvia
off our second floor
apartment. She, a white
American goddess,
unfurled her strength
as Elvia scurried
down the stairs.

And then, I was six
when Father
told me the story
of Garibay.
When the town's
eyes saw him
gaze at male bodies
thoroughly—
the way men
should only look at
women's bodies—
the town's tongues
lacerated words
like an uncontained-
Gomorrah-chisme

Mundo maldito

Tenía cinco años
cuando el mundo
se abrió
por sí mismo para mí.
Con los ojos abiertos,
me asomé por
su cortina invisible
mientras nuestra vecina
empujaba a Elvia
del segundo piso
de nuestro apartamento.
Ella, una diosa
blanca americana,
desplegó su fuerza
mientras Elvia huía
por los escalones.

Y después, tenía seis
cuando Papá
me contó la historia
de Garibay.
Cuando los ojos
del pueblo vieron cómo
acechaba fijamente
los cuerpos de los hombres
detenidamente,
así como los hombres
sólo debían ver
los cuerpos de mujeres,
las lenguas del pueblo
laceraron palabras
como un chisme-Gomorra

they found
Garibay quartered
with a machete
at the bottom
of a ditch.

I was five
when the world
opened
itself up to me.
It still does.
It still often does.
Pinks, pastels,
and ruffles
could not veil
these dark eyes
because the world
had opened
itself up to me
for this wicked
world to see.
It still does.
It still often does.

encontraron a
Garibay descuartizado
por un machete
en el fondo
de una zanja.

Tenía cinco años
cuando el mundo
se abrió
por sí mismo para mí.
Todavía lo hace.
Todavía lo suele hacer.
Rosados, pasteles,
y volantes fruncidos
no pudieron tapar
estos ojos oscuros
porque el mundo
se había abierto
por sí mismo para mí
para ver
este mundo maldito.
Todavía lo hace.
Todavía lo suele hacer.

Legacy

I am Frida's tongue—vulgar
like my grandmother's.

And the tip of a blue ballpoint pen
kowtowing shy paper.

I am also the prickly pear flower
peering at dawn.

I am the ears of a clay pot,
listening to the palate of my ancestors.

A woman with a round face
like corn and cactus tortilla.

The body of a throbbing bee
where tomorrow is born.

And I am, of course, letters armed
with hoes spurring our destiny.

The thirsty butterfly drinking
from the sweat of a moist hand.

I am the claws of the jaguar, tearing
the enslaved lines of the nearsighted fool.

I am the poet whom laws spit far away—
to the exile of poets.

I am legacy—who paints this our homeland
a thousand shades of green.

Herencia

Soy la lengua de Frida —vulgar
como la de mi abuela.

Y la punta del bolígrafo azul,
doblegando al papel callado.

También soy la flor de tuna,
asomándome por la madrugada.

Soy las orejas de la olla de barro,
escuchando el paladar de mis antepasados.

Mujer de cara redonda
como la tortilla de maíz y nopal.

Cuerpo de abeja punzante
de donde nace el mañana.

Y soy, por supuesto, letras armadas
con azadones arreando nuestro destino.

La mariposa sedienta, bebiendo
del sudor de una mano humedecida.

Soy las garras del jaguar, rasgando
las líneas esclavas del bufón de vista corta.

Soy la poeta a quien las leyes escupe muy lejos
hacia al exilio de los poetas.

Soy herencia —que pinta de mil matices
de verde a esta nuestra tierra natal.

But I am most definitely an arm twist
if your devil's pitchfork shows its ugly head.

To those, we dress up like skeletons
and make them dance eternally through the streets.

Pero definitivamente soy una manita de puerco
si tu horquilla del diablo asoma su rostro feo.

A esos los vestimos de esqueletos
y los ponemos a bailar eternamente por las calles.

The Frontera's Potato Eaters

"Since Saturday, waiting times of five or six hours were reported; even one 87-year-old woman died while waiting in line, the Tijuana police said. And for Sunday through Monday these time lapses doubled."
　　　　　—Carlos Iván Molina Aguilar, *The San Diego Reader*

In Kumeyaay land, with one foot in Alta California and another in Baja California, California stares down and shakes her head at the sight of a steel fence protecting a Yankee Doodle fifteen-foot-tall obelisk hanging from her calico-tattered dress.

At the Tijuana/San Ysidro border, the clock strikes six o'clock, but there are no potatoes at the dinner table. Holding the steering wheel with clammy fingers, I contemplate a lawsuit against the concave imposed border-frontera of the United States of America for rupturing a table for five, lost time, urinary tract infections since 1848, overheated engines, the layer of smog since 1889, the thirsty bullet-ridden bodies, and the purple eyes of men, women, trans women, and children who never reached the North Star.

One-hundred feet away from the port of entry, I cross paths with la frontera's potato eaters, where gaunt strong-shouldered Mexican men draped in zarapes ward off the U.S.'s evil eye and sugar and cinnamon churros a la Mexicana sweeten life.

Every day at the border, mangoes, descendants of Filipino and Indian seeds, bloom and ripen as I wait and wait impatiently in my black-time machine for the interrogation to begin. At this liminal space, the frontera reminds this transfronteriza how rich poor folk are and how poor rich folk are as mango nectar drips down my brown fingers savoring yellow.

Los comedores de papas de la frontera

"Desde el sábado, se reportaron tiempos de espera de cinco a seis horas; incluso se informó que una mujer de 87 años murió mientras esperaba en la fila, dijo la policía de Tijuana. Y para el domingo y el lunes, estos lapsos de tiempo se duplicaron".

*—*Carlos Iván Molina Aguilar, *The San Diego Reader*

En tierra Kumeyaay con un pie en Alta California y el otro en Baja California, California mira hacia abajo y sacude la cabeza al ver una cerca de hierro protegiendo un obelisco Yankee Doodle de quince pies de altura colgando de su vestido calicó roto.

En la frontera Tijuana/San Ysidro, el reloj marca las seis en punto, pero no hay papas en la mesa. Sosteniendo el volante con mis dedos sudados, contemplo una demanda a la frontera cóncava impuesta por los Estados Unidos de América por romper una mesa para cinco, el tiempo perdido, infecciones del tracto urinario desde 1848, motores sobrecalentados, la capa de niebla tóxica desde 1889, los cuerpos sedientos acribillados, y los ojos morados de hombres, mujeres, mujeres transgénero, y niñas y niños que nunca alcanzaron la Estrella del Norte.

A cien pies de distancia del puerto de entrada, cruzo caminos con los comedores de papas de la frontera donde hombres mexicanos de brazos delgados y fuertes cubiertos con zarapes protegen del mal de ojo de los EE. UU. y los churros a la mexicana con azúcar y canela endulzan la vida.

Cada día en la frontera, los mangos, descendientes de semillas filipinas e Indias, florecen y maduran mientras espero impacientemente en mi máquina negra del tiempo para que comience el interrogatorio. En este espacio liminal, la frontera recuerda a esta transfronteriza que los ricos son tan pobres y los pobres son tan ricos mientras néctar de mango escurre por mis dedos morenos saboreando el amarillo.

On Mexican men's extended arms, vendors carry merchandise from windshield wipers replaced on the spot to Mexican hand-painted flowery colorful piggy banks that pranced across Rancho Tía Juana freely to the encaged Tijuana border of the 40s along with la mera mera madrecita, la Virgencita de Guadalupe and crucifixes—wooden ones, Frida blue ones, chiseled ones, and woven ones—go by for all the worry people on both sides of the border. While sitting and staring through the Windowpane Era, I study the mechanical cashiers in their royal booths fifty feet away sniffing vehicles, fear, skin, accents, plastic, and paper.

Hand in hand, a mother and her child walk by red, white, and blue license plates. With the upward tilt of her head directed at the potato-chips vendor, the woman pleads a silent dinner request. Carrying a mountain of homemade potato chips on his shoulder, with a wide grin, the frontera vendor squirts lemon juice from a repurposed-water bottle and hands a small bag of potato chips to a hungry girl. With two smiles lifting his soul and one less crisp dollar in his pocket, the vendor addresses the world hunger problem the Pope, the Mexican and U.S. presidents' multimillion industries evade in their sleep.

Five centuries ago, golden potatoes forcefully leave Perú and muffle the hunger of Europe with smuggled tomato-nugget seeds Conquistadors confiscate from the Aztec Empire on pirate ships destined for Spain and Italy becoming unequivocally Tortilla de Patata Española and Roman pasta sauce. *Centuries later, can you imagine the Irish and Italians without the Incan papa in their Irish stew and ruby red tomatl in Italian spaghetti sauce so far away from the infallible memory of the motherland?* In Español, *tomate Roma*, in Italiano, *pomodoro Roma*, and in English, *plum tomatoes*. Today, foreign words—remnants of the sword, the musket, and cannon—so easily slip off the disciplined tongue. *Tomate-Roma-pomodoro-Roma-plum-tomatoes.*

En los brazos extendidos de los hombres, los vendedores cargan mercancía desde limpiaparabrisas reemplazados al instante hasta alcancías de cochinitos con flores coloridas que saltaban en el Rancho de Tía Juana hasta la frontera de Tijuana en los cuarenta junto con la mera mera madrecita, la Virgencita de Guadalupe, y los crucifijos— de madera, de azul Frida, cincelados, y tejidos a mano, para todos aquellos que se preocupan en ambos lados de la frontera. Mientras estoy sentada mirando a través de la Era del Cristal de la Ventana, estudio los cajeros mecánicos en sus cabinas reales a cincuenta pies de distancia olfateando los vehículos, el miedo, la piel, los acentos, el plástico y el papel.

De la mano, una madre y su hijita caminan juntas al lado de placas rojas, blancas y azules. Con la inclinación de su cabeza en silencio hacia el vendedor de papitas, la mujer suplica por una cena. Cargando una montaña de papitas caseras en su hombro, el vendedor con una sonrisa amplia exprime jugo de limón de una botella de agua reutilizada y le regala una bolsita a una niña con hambre. Con dos sonrisas elevando su alma y un dólar crujiente menos en su bolsillo, el vendedor de papitas aborda el problema del hambre en el mundo que el Papa y las industrias multimillonarias del Presidente de México y EE.UU. evaden dormidos.

Hace cinco siglos atrás, las papas doradas salen del Perú por la fuerza y sacian el hambre de Europa mientras las semillas, pepitas de tomate confiscadas del Imperio Azteca y traficadas en barcos piratas hacia a España e Italia se convirtieron inequívocadamente en Tortilla de Patata Española y salsa de pasta romana. Siglos después, *¿Te imaginas a los irlandeses e italianos sin la papa inca en su Estofado irlandés y sin el tomatl rojo rubí de su salsa espagueti tan lejos de la memoria infalible de su madre tierra?* En español, *tomate Roma*, en italiano, *pomodoro Roma*, y en inglés, *plum tomatoes*? Hoy en día, palabras extranjeras —restos de la espada, del mosquete, y el cañón— tan fácil deslizan de la lengua disciplinada. *Tomate-roma-pomodoro-roma-plum-tomatoes.*

At this man-made línea, baked Mexican tostadas, steaming Mexican corn with chile y limón, tejuino—the ceremonial drink of the ancestors—and Mexican mazapanes go by and feed this hungry woman who lives in a famished country with low-waged workers because her country crosses oceans and borders to fabricate great American products made in China, India, Turkey, and Africa. And whose country thirsty for black gold of the Earth unleashes white-owned dogs on river-water protectors and sprays chlorine on border-crossing children.

Hours later at sunset, still sitting, I apologize to the chestnut-brown man who dusts my vehicle for not having more change as he greets me with a flirty smile. The man takes my last Washingtons and Lincolns and blesses me good night and tells me, "Doñita, nunca se disculpe por eso." With my feet cramped from the stop-and-go border traffic, I sit uncomfortably cushioned; the vendor standing in August's muggy heat reminds me how rich poor folk are and how poor rich folk are in this world devouring itself. The man listens to the sounds in all directions; I listen to Alí Primera on repeat mode:

"Qué triste
Se oye la lluvia
En los techos de cartón
Qué triste
Vive mi gente
En las casas de cartón"

At the manufactured line, protected with a horizontal line of bullet-proof vests, a navy, blue-uniformed officer asks, "What brings you to Mexico?" I answer, "I was starving for México in all directions. I came to Baja California to eat a bundle of tacos de papa harvested and folded by hands like my mother's.

En esta línea hecha por el hombre, tostadas horneadas, elote humeante con chile y limón, el tejuino —la bebida ceremonial de los antepasados— y mazapanes mexicanos para alimentar a esta mujer hambrienta que vive en un país con trabajadores de bajos salarios, porque su país cruza océanos y fronteras para fabricar grandes productos estadounidenses hechos en China, India, Turquía y África. Y cuyo país sediento del oro negro de la Tierra suelta a los perros de sus dueños blancos sobre protectores del agua de los ríos y rocía cloro sobre niños que cruzan la frontera.

Horas después, al atardecer, aún sentada, me disculpo con el hombre de piel de color castaño que desempolva mi vehículo por no tener más cambio mientras me saluda con una sonrisa coqueta. Él toma mis Washingtons y Lincolns y me bendice con unas buenas noches, diciéndome, "Doñita, nunca se disculpe por eso". Aunque con mis pies acalambrados por el ir y venir del tráfico de la frontera, estoy incómoda y acolchonada; el vendedor permanece de pie en un calor sofocante de agosto y recuerdo como los ricos son tan pobres y los pobres son tan ricos en este mundo devorándose así mismo. El vendedor escucha los sonidos en todas las direcciones; yo escucho a Alí Primera en modo repetición:

"Qué triste
Se oye la lluvia
En los techos de cartón
Qué triste
Vive mi gente
En las casas de cartón"

En esta línea hecha por el hombre, protegida con chalecos antibalas en forma horizontal, un oficial vestido de azul marino, me pregunta: "¿Qué le trae a México? Le contesto: "Estaba muriéndome de hambre por México en todas direcciones. Vine a comer una paca de tacos de papa a Baja California hechos y doblados por manos como las de mi madre.

I want to cross California's frontera as effortlessly as Americans fly into Costa Rica, Cancún, and Jamaica for their annual summer break. I want to cross into México as effortlessly as the wind ruffling my feathers like the time I crossed from Spain to Portugal without the twelve-hour waits."

"Do you have anything to declare?" asks the officer. "Yes, one bundle of 1,000 grams of tacos de papa with lechuguita, salsita roja, and quesito in the trunk. And Mexican dream seeds—lots of invisible Mexican dream seeds in my pockets to pacify the vandalized perturbed spirit."

Quiero cruzar a México tan fácilmente como el viento me arrulló las plumas cuando crucé de España a Portugal sin las esperas de doce horas, luces fluorescentes, los garrototes, las barras de metal brillosas, las balas perdidas y los perros detectores de drogas antes de que América ocupada se convirtiera en un Stromboli de varillas de acero".

"¿Tiene algo que declarar?" Me pregunta el oficial. "Sí, tengo una paca de 1,000 gramos de diez tacos de papa con lechuguita, salsita y quesito en la cajuela. Y semillas de sueños mexicanos —muchas semillas de sueños mexicanos invisibles en mis bolsillos para apaciguar el vandalizado espíritu perturbado".

When Morning Comes

When morning comes,
I ravish blues.
It doesn't matter
if it's spring or fall
summer or winter;
I suck the blue marrow
from lakes, skies,
and oceans.

At midday,
I slurp yellows.
The sunflower
and daffodil broth
disappears
from my chipped
Talavera bowl
as I ripen into greens.
Green my hair,
green my nose,
green my winged arms,
green my thumbs,
green my soul
floating in a room.

For dinner, I eat reds—
red peppers, reds toasted,
red-ochre hands on a wall,
the reddest of burning sunsets,
and before sleeping,
I drink a nice warm
turquoise atolito.

Cuando llega la mañana

Cuando llega la mañana,
devoro los azules.
No importa
si es primavera u otoño
verano o invierno;
chupo la médula azul
de los lagos, del cielo
y de los mares.

A mediodía
sorbo los amarillos.
El caldo de girasoles
y narcisos
desaparece
de mi plato hondo
de Talavera despostillado
mientras maduro a los verdes.
Verdes mis cabellos,
verde mi nariz,
verdes mis brazos alados,
verdes mis dedos,
verde mi alma
flotando en un cuarto.

Para cenar, como rojos
rojos chiles, rojos asados,
rojas manos de ocre en un muro,
de los más rojizos atardeceres,
y antes de dormir
me tomo un atolito
turquesa bien calientito.

Then, night enters
through the window,
and all the colors fall asleep
while I await patiently
for the orange flamed headdress
that will awaken
the canvas of my senses.

Después, la noche entra
por la ventana
y todos los colores se duermen
mientras espero con calma
el penacho anaranjado en llamas
que despertará
el lienzo de mis sentidos.

Canvas 40" x 30"

*"Working with oils is like working
with butter."*
> —Sergio Vásquez

We inherit the silence of desire
through a call window
as brushstrokes strike
an intimate howling orange red.

The secrets of haloed matches
escaping from a matchbox on a canvas
ready to ignite and cross fire.

And the entanglement of oils
slithering male bodies
tied with string,
touching each other
ever so closely.

Lienzo 40" x 30"

                              —Sergio Vásquez

Heredamos el silencio del deseo
a través de una ventanilla,
encendiendo con pinceladas
íntimas un anaranjado rojo aullador.

Los secretos de cerillos aureolados,
escapando de una cajetilla sobre lienzo,
listos para prenderse y cruzar fuego.

Y el enredo de óleos
cuerpos de hombres deslizándose
amarrados con hilo
tocándose
tan estrechamente.

The Poetics of Fronds

The fern
I call
by your name
is in a state
of desolate
despair
not because
it reflects
the wisp
of the winter
air.
The fern
outside
my kitchen
window
grows
with melancholia,
yearning
the warmth
of your
blindfolded
fingers.
In my despair,
how I long
to see your
ever-changing
receding hairline
and how I long
to hear your
jarring laugh,
unrolling
those green
fronds of yours.

La poética de las frondas

El helecho
que llamo
por tu nombre
está en un estado
de desolación
no porque
refleje
el soplo
del viento
invernal.
El helecho
que veo
por la
ventana
de mi cocina
crece
con melancolía,
anhelando
el calor
de tus dedos
con ojos vendados.
En mi tristeza,
cómo añoro
ver
como retrocede
el cabello de tu frente
y añoro escuchar
el estruendo
de tus carcajadas,
desenrollando
esas frondas
verdes tuyas.

Like dragonflies

What would happen to fish
without their giving
and loving lake?

They would transform
into birds swimming
amongst the clouds.

They would transform
into the rainbow wings
of joyous dragonflies
perched on wild plants
in broad daylight.

They would transform
into trees rooted to live;
their roots would swim
underground to drink
the sweetness of water
like dragonflies—
living to love.

Como las libélulas

¿Qué sería de los peces
sin su lago dador
y amoroso?

Se convertirían
en pájaros nadando
entre las nubes.

Se convertirían
en las alas de arcoíris
de libélulas jubilosas
encimadas sobre las plantas
silvestres en pleno día.

Se convertirían
en los árboles arraigados
a vivir; sus raíces nadarían
bajo la tierra para beber
la dulzura del agua
como las libélulas
viviendo para amar.

Bird on a bough

When a bird
awakens
without light
in their eyes,
the echo
of their song
is heard all day.
Their absence,
dressed in the Earth
and sky, flies
between the leaves
over the boughs
and becomes
the very wings
of the winds.

Pájaro sobre la rama

Cuando un pájaro
amanece
sin luz
en sus ojos,
se oye el eco
de su canto
a toda hora.
Su ausencia,
vestida de la tierra
y el cielo, vuela
entre las hojas
por encima
de las ramas
convirtiéndose
en las mismísimas
alas de los vientos.

Red Ink

> *"Si tú mueres primero, yo te prometo . . ."*
> —Julio Jaramillo "América's Nightgale"
>   "Nuestro juramento," Latin American bolero

A few minutes ago,
my Lola came.
She was here.
I felt her presence
like a warm
zarape over my body,
and its colors
like rays of light
filled my heart.

In the room,
where our bodies
flowered and perfumed
our nights, she herself
turned on the music
with her cry.

My Lola visited me,
so together
we could listen
to the guitar,
the words,
and the moaning
of our song.
And then the walls
and the saints remembered
our kisses, our caresses.

I am happy.
My Lola was here.

Tinta roja

Hace unos minutos
vino mi Lola.
Estuvo aquí.
Sentí su presencia
como un zarape
cálido sobre mi cuerpo,
y sus colores
como rayos de luz
llenaron mi corazón.

En el cuarto,
donde nuestros cuerpos
florecían y perfumaban
nuestras noches, ella misma
encendió la música
con su llanto.

Me visitó mi Lola
para que juntos
escucháramos
la guitarra,
las palabras,
y los gemidos
de nuestra canción.
Y entonces las paredes
y los santos recordaron
nuestros besos, nuestras caricias.

Estoy contento.
Estuvo aquí mi Lola.

We kept our promise,
and, oh, how much I appreciate
her visit, so she could see
that I took the red pen
and remembered our oath.

*"Si tú mueres primero, yo te prometo,
escribiré la historia de nuestro amor
con toda el alma llena de sentimiento;
la escribiré con sangre,
con tinta sangre del corazón".*

Cumplimos nuestra promesa
y, ay, cómo le agradezco
su visita para que ella vea
que tomé la pluma roja
y recordé nuestro juramento.

"Si tú mueres primero, yo te prometo,
escribiré la historia de nuestro amor
con toda el alma llena de sentimiento;
la escribiré con sangre,
con tinta sangre del corazón".

Relics in a Drawer

Everything inside
weighed heavy of Lola.
When Lola's daughter
needed a needle and thread
to mend herself, she found them
tucked away in the top drawer
of her mother's dresser.

The necklace Lola's daughter
never wore—
the gift with the jade and copper
from the deep Earth,
freshwater pearls
from sweet rivers,
and the pinks-purples-blues
of her garden's hydrangeas—
hugged her neck
and wiped her tears.

At home, photographs became ghosts,
telling stories
through the pinhole
of their memory.

In public, a safety pin
from Lola's drawer fastened
her daughter's swollen chest.

If a foreseen departure
awaits you, go gently like Lola,
but promise you'll leave relics
for the unconsoled eye.
Promise me.

Reliquias en un cajón

Todo lo que había adentro
pesaba de Lola.
Cuando la hija de Lola
necesitaba una aguja e hilo
para remendarse, los encontraba
guardados en la cajonera de su madre
en el cajón de arriba.

El collar que la hija de Lola
nunca se puso
el regalo de jade y cobre
de la profundidad de la tierra,
perlas de agua dulce
de los dulces ríos
y los rosados-morados-azules
de las hortensias de su jardín
abrazó su cuello
y limpió sus lágrimas.

En casa, las fotografías se convertían
en fantasmas, contando cuentos
a través de la mirilla
de su memoria.

En público, un segurito
del cajón de Lola sujetaba
el pecho desbordado de su hija.

Si una partida anticipada
te espera, vete lentamente como Lola,
pero promete que dejarás reliquias
para el ojo desconsolado.
Prométeme.

Tijuanera soul

In Tijuana, when I sleep,
my soul undresses
and runs through the streets.

She listens to the honking of cars,
the screeching of tires,
and the barking of dogs.

When my soul crosses the border,
they muzzle her mouth
with little white stars.

And so, my Tijuanera soul
opens the windows
and crosses a flickering borderless sky.

Alma tijuanera

En Tijuana, cuando me duermo,
mi alma se desnuda
y corre por las calles.

Escucha los pitidos de los carros,
el rechinar de las llantas
y los ladridos de los perros.

Cuando mi alma cruza la frontera,
le amordazan la boca
con estrellitas blancas.

Y entonces mi alma tijuanera
abre las ventanas
y cruza un cielo parpadeante sin fronteras.

Panchito from the Machete to the Shovel

Panchito's vision begins the ritual.
His powerful one-hand grip takes hold of the machete.
From dawn to dusk, he reaps the sugarcane fields.
Panchito is nine-years old.

With two firm grips,
Panchito holds the handle.
The left closest to the heart.
The right near the belly.
With his feet apart from each other,
Panchito's full force of the body
Presses on his right foot.
A shovel unearths the Earth—
A smooth slit, a healing wound.

Don Pancho is now forty-nine.
The hands of my father smell of tierra;
A film of dust covers his skin.
Small sporadic ruptures break through;
Purple mountains stand erect.
The hands of my father, smell of toil—
Calloused moist hands sprout the Earth.

Panchito del machete a la pala

El ritual de Panchito empieza con una visión.
Su fuerte puño se aferra al machete.
Del alba al ocaso, trabaja los cañaverales.
Panchito tiene nueve años.

Con dos manos firmes,
Panchito sostiene el mango.
La izquierda cerca del corazón.
La derecha junto al ombligo.
Con los pies firmes y apartados,
La fuerza de Panchito
Se carga en su pie derecho.
La pala afloja la tierra
Una apertura, una herida se cicatriza.

Don Pancho ahora tiene cuarenta y nueve años.
Las manos de mi padre huelen a tierra;
Una capa de polvo cubre su piel.
Se abren pequeñas grietas en sus manos;
Montañas moradas se yerguen.
Las manos de mi padre huelen a labranza
Callosas, húmedas manos florecen la tierra.

Traducción por Sonia Gutiérrez y la Dra. María Dolores Bolívar

The Place of Alebrijes

for Sergio Vásquez

The alebrijes danced here:
some big, some small, a gassy one,
and even a wicked one tagged along.

The alebrijes rejoiced here:
like comet balls their colors
jumped all around.

The alebrijes were here!
They traveled together leaving footprints
to arrive in Alebrijelandia.

In Alebrijelandia, the friends of the alebrijes
smile to see them walk
and play every day.

Here in Alebrijelandia
no color is better than another,
and the alebrijes radiate all the same.

El lugar de los Alebrijes

para Sergio Vásquez

Aquí bailaron los alebrijes:
algunos grandes, algunos pequeños,
algún pedorro y hasta un maldito se coló.

Aquí gozaron los alebrijes:
como cometas esféricos sus colores
brincaron por todos lados.

¡Aquí anduvieron los alebrijes!
Pasearon todos juntos dejando huellas
para llegar a Alebrijelandia.

En Alebrijelandia, los amigos
de los alebrijes sonríen al verlos caminar
y jugar todos los días.

Aquí en Alebrijelandia
ningún color es mejor que otro,
y todos los alebrijes irradian por igual.

Giver of Poems

for Francisco X. Alarcón

In my woken
dreams,
Giver of Poems,
you awaken
on white
sheets of paper
ready like always
to write,
where the sky
is full
of luminous
letters,
and with your hands
you knead words
forming clouds
made of poems.
And then,
you take a break,
and go up the stairs
of a gigantic
uppercase A
and laughing and smiling,
you go down its slide
with your arms wide open.
And that is how you will pass
the days of January,
February, and March.
Meanwhile, during the mornings,
tears run down
my mirror-moon-face,
but happy it smells
like poetry.

Dador de Poemas

para Francisco X. Alarcón

En mis sueños
despiertos,
Dador de Poemas,
amaneces
sobre sábanas
blancas de papel
listo como siempre
para escribir,
donde el cielo
está lleno
de letras
luminosas,
y con tus manos
amasas palabras
formando nubes
hechas de poemas.
Y después,
descansas
y subes la escalera
de una gigantesca
letra A mayúscula
y riendo y sonriendo
bajas su resbaladilla
con los brazos abiertos.
Y así pasarás
los días de enero,
febrero, y marzo.
Mientras por las mañanas
mis lágrimas ruedan
por mi rostro espejo de luna
pero contenta que huele
a poesía.

Poema Giver

para Francisco X. Alarcón

In my waking
sueños,
Poema Giver,
you rise
sobre sábanas
blancas de papel
ready, as always,
to write,
donde el cielo-sky
is filled with
luminous
letra-words,
y con tus manos
amasas words
y haces cielo-clouds
made of poemas
y después,
descansas
y subes los escalones, up-up-up
of a gigantic
capital letra A
y laughing and smiling
te vas down-down-down
its slide con open arms.
And that is how, así pasarás
los days de January,
los days de February,
y los days de March.
Meanwhile, por las mañanas
mis lágrimas, they run down
my face
luna-moon-mirror
pero happy porque huele
a poetry.

Spanglish translation por Francisco J. Bustos

II

Tell Me About Perspective

"It's all about perspective," you say. Do you mean the peeled paint from a windowpane perspective? Or the coming home to your favela made from cardboard and tin perspective?

Or do you mean the staring from the inside steel bars with clenched fists perspective? Or the working like an ant with a dry tongue exposed to the elements' perspective? Do you mean pushing a grocery cart with ragged clothes and empty cans of pop through austere streets' perspective?

Or do you mean the sitting behind a desk calculating the numerical symbols from bushels of cotton perspective? Oh no—wait, I think you might mean the sipping of a glass of Chardonnay on a yacht perspective.

Or, perhaps, driving a Mercedes to a restaurant to relish the caviar pizza perspective. Or are you talking about the hiding behind the word, p e r s-p e c-t i-v e? *Tell me about your perspective.* Can you please give me more details? I'm dying to know what perspective you speak of.

Háblame de perspectiva

"Todo tiene que ver con la perspectiva", me dices. ¿Hablas de la perspectiva desde el panel de una ventana con pintura descascarada? ¿O de la perspectiva de llegar a tu hogar, a una favela hecha de cartón y hojalata?

¿O te refieres a la perspectiva de mirar desde adentro aferrado a las rejas? ¿O de la perspectiva de trabajar como hormiga con la lengua seca día tras día expuesto a los elementos? ¿Hablas de la perspectiva de empujar un carro de mandado con trapos andrajosos y latas vacías de refresco por las calles austeras?

¿O hablas de la perspectiva de estar sentadote detrás del escritorio calculando los símbolos numéricos de los montones de algodón? Ay no, espera, creo que querrás decir de la perspectiva de beber una copa de Chardonnay a sorbos en un yate.

O, quizás, de la perspectiva de conducir un Mercedes a un restaurante para comer pizza de caviar. ¿O hablas de esconderte detrás de la palabra, p e r s-p e c-t i-v a? *Háblame de tu perspectiva.* ¿Me puedes dar más detalles? Me muero por saber de qué perspectiva hablas.

Grandchildren of the United Fruit Company

Knock, knock, knock.
Lady Liberty, there are children
knocking at your door.
Can you hear
their soft knocks
like conch shells,
whispering in your ears?

Weep, weep, weep.
Can you hear
the children whimpering?
Their moist eyes
yearning to see friendly
TV-gringo-houses
swing their front doors
wide open.

The children are here;
they have arrived
to your Promise Land,
sprinkled with pixie dust,
paved with happiness
and freedom.

Lady Liberty, why do these children
overflow your limbo rooms?
Why are the children corralled
in chain-link fences,
sleeping on floors
and benches?

Did you forget your ties
dressed in camouflage
and blue suits in that place
you call the banana republic?

Nietos de la United Fruit Company

Tan, tan, tan.
Señora Libertad, hay niños
tocando su puerta.
¿Puede escuchar
sus golpecitos suaves
como conchas,
susurrando a sus oídos?

Llorar, llorar, llorar.
¿Puede escuchar
a los niños gemir?
Los ojitos húmedos,
el ansia de ver abrirse
de par en par las puertas hospitalarias
de casas-tele-gringas.

Los niños llegaron
a su Tierra Prometida,
cubierta con polvo de hadas,
pavimentada con felicidad
y libertad.

Señora Libertad, ¿por qué estos niños
desbordan sus celdas limbo?
¿Por qué hay niños cercados
rodeados con alambre,
durmiendo en pisos
y bancas?

¿Acaso olvidó sus lazos
vestidos de camuflaje
y trajes azules en ese lugar
que llama república bananera?

What say you, Lady Liberty?
Please speak. And speak
loud and clear,
so the brown pilgrim
children never forget
the doings
of your forked tongue
and their color-schemed
prison's-eye-view.

¿Qué dice usted, Señora Libertad?
Por favor hable. Y hable
fuerte para que los niños peregrinos
morenos nunca olviden
las acciones
de su lengua viperina
y los esquemas de colores
de sus vistas prisioneras.

The Colors of Death

Ask Fukushima
if she drank clean water
this morning.
If she closes her eyes,
she was too embarrassed
to confess radioactive water
seeped into her groundwater
and seaweed water
all year long.

Ask Fukushima
if those tumors,
oozing blood
were removed
from the gaping mouths
of fish and if their eyes
saw their fins
disintegrate
into the Pacific Ocean's
salty waters.
Ask Fukushima
if she saw
the shiny bellies
of salmon
along the warm
ocean shores.

With dried eyes
and chapped lips,
she will answer,
"The hands that protected us
from the power plant's
demise all year long
did not come this morning
nor will they come tomorrow."

Los colores de la muerte

Pregúntale a Fukushima
si bebió agua limpia
esta mañana.
Si cierra los ojos,
le avergüenza
confesarte que el agua radioactiva
penetró sus aguas subterráneas
y aguas algas marinas
todo el año.

Pregúntale a Fukushima
si le quitaron
esos tumores,
supurando sangre,
de las bocas abiertas
de peces y si sus ojos
vieron sus aletas
desintegrarse
en las aguas saladas
del Océano Pacífico.
Pregúntale a Fukushima
si ella vio
las panzas brillosas
de los salmones
a lo largo de las costas
tibias de los mares.

Con los ojos secos
y labios partidos,
te contestará,
"Las manos que nos protegían
del fallecimiento
de la planta de energía
no vinieron esta mañana,
ni vendrán mañana".

Ask Fukushima,
"What is the color of death?"
She will answer,
"Death is the color
of Chernobyl . . . Cadarache
and our abandonment
in broad daylight."

Pregúntale a Fukushima,
"¿De qué color es la muerte?"
Te contestará,
"La muerte es del color
de Chernóbil . . . Cadarache
y nuestro abandono
a plena luz del día".

This Place

On Sundays from one to five,
Cindy and company go home
to the sharp-edged concrete walls
and shiny windows of the Joel D. Valdez
Main Library to pages and pages
where letters march in place,
always distant—never touching
each other.

Cindy takes her backpack
and a sports bottle.
It is safer there away from parks
with copped bicycles
patrolling, ticketing, handcuffing,
making this place homeless free.

She, with her high cheekbones
and pulled-back hair,
tells me about being
born in a bottle.
I tell her about my own
alcoholic legacy:
grandfather, father . . .
all men, coincidentally—
their spirits coiling inside
and spitting fire.

"I can hold down a job.
It's the beer that gets in the way,"
Cindy assures me.

Before I move on to the next landmark
(with spectacular pink Spanish
arched walkways, the Pima Municipal Court,
where tourists and homeless Natives cross paths).

Este lugar

Los domingos de una a cinco
Cindy y compañía van a casa
a las paredes afiladas de concreto
y las ventanas brillosas de la Biblioteca Principal
Joel D. Valdez a páginas y páginas
donde las letras marchan en lugar,
siempre distantes, nunca tocando
una a la otra.

Cindy lleva su mochila
y una botella deportiva.
Es más seguro ahí, lejos de los parques
con policías en bicicleta,
patrullando, infraccionando, esposando,
haciendo este lugar libre de los sin casa.

Ella, con sus pómulos altos
y cabello amarrado hacia atrás,
me cuenta de haber
nacido en una botella.
Yo le cuento mi propio
legado de alcoholismo:
abuelo, padre . . .
todos hombres, coincidentemente
sus espíritus enrollándose adentro
y escupiendo fuego.

"Puedo mantener un trabajo.
Es la cerveza la que estorba",
me asegura Cindy.

Antes de ir al siguiente lugar histórico
(con caminos espectaculares de arcos españoles
rosados, la Corte Municipal de Pima,
donde turistas y vagabundos nativos cruzan caminos).

Cindy's long gray-haired friend,
sitting next to her, stands
and mumbles goodbye
with Hopi words glued
to his fermented tongue
as he interweaves his arm with mine.
We are glued to each other—
to these desert rocks,
to the protruding endless cacti,
to the copper skin in Tucson
for thousands and thousands of years.

Cindy, you are not homeless;
we are not homeless.
We have been here, *this place*.

El amigo de Cindy de cabello largo canoso
sentado junto a ella, se pone de pie
y balbucea adiós
con palabras Hopi pegadas
a su lengua fermentada
mientras entreteje su brazo con el mío.
Estamos pegados uno al otro
a estas piedras desérticas,
a los interminables cactus salientes,
a la piel de bronce de Tucson
por cientos y cientos de años.

Cindy, tú no eres vagabunda;
nosotros no somos vagabundos.
Hemos estado aquí, *en este lugar.*

Bakr Red Petals on a Beach

With bull's-eye precision
on an open shore,
Flower Killers came to Gaza
to find red lilies frolicking as flowers
often do.

With blind arrogance
and repugnance so deep
like Alabama hate, the Flower Killers
zeroed in on four budding lilies
prancing on the beach.

On a summer day
on that Gazan fishermen's sand,
as Flower Killers often do,
mechanical and exact,
with morbid smiles,
they shelled the flowers—
Ahed, Zakaria, Ismael, and Mohamed.

Scattered red petals
so bright like Palestine,
rise and blow away.
Winds, take these petals
far away to distant shores,
so the world can see
how the Flower Killers,
chanted and cheered
when they heard the red
echoing screams of Bakr petals
falling on a Gazan beach.

Pétalos rojos Bakr en una playa

Con precisión en el blanco
sobre una costa abierta,
los Mata Flores vinieron a Gaza
a buscar las lilas rojas jugando
como suelen hacer las flores.

Con arrogancia ciega
y repugnancia tan profunda
como el odio de Alabama,
los Mata Flores apuntaron
a cuatro lilas en ciernes
saltando en la playa.

Un día de verano en esa arena
de los pescadores de Gaza,
como los Mata Flores suelen hacer,
mecánicos y exactos con sonrisas
morbosas, vaciaron sus balas sobre las lilas,
Ahed, Zakaria, Ismael y Mohamed.

Pétalos rojos derramados
tan brillantes como Palestina,
levántense y vuelen.
Vientos, llévense estos pétalos
lejos a costas distantes,
para que el mundo vea
cómo los Mata Flores
cantaron y se animaron
cuando escucharon el eco rojo
de los gritos de los pétalos Bakr
cayéndose en una playa de Gaza.

An American Landscape

On a chilly February night
under a star-spangled sky
Trayvon, you, stayed warm
fastened like a monk
in a Rembrandt painting.

As you talked
to your girlfriend,
your words sugared
with purple, green,
yellow, and the red
of your youth
took a cloaked past
when in the distance
a man's four-hundred-year
old gaze, clouded with a history
hanging with strange fruit,
set its eyes on you.

As you walked
through invisible
marked streets,
those pair of cutout holes,
carrying a holstered pistol,
preyed on someone like you.

And you ran
and wrestled
for freedom
in this American landscape,
looking for a place
to take root and extend
your long lean branches,
reaching for a limitless sky.
But one bullet gnawed

Un paisaje norteamericano

En una noche fría de febrero
bajo un cielo estrellado
Trayvon, tú, calientito
como un monje sujetado
en una pintura de Rembrandt.

Mientras le hablabas
a tu novia,
tus palabras azucaradas
con el morado, verde,
amarillo y rojo
de tu juventud
envueltos en el pasado en un manto
cuando en la distancia
la mirada de cuatrocientos años
de un hombre, nublada de historia
donde colgaba fruta extraña,
se detuvo en ti.
Mientras caminabas
a lo largo de calles
marcadas invisibles,
ese par de huecos recortados,
cargando una pistola enfundada
convirtió a alguien como tú en presa.

Mas tú corriste
luchaste
por la libertad
en este paisaje norteamericano,
buscando un lugar
para enraizarte y extender
tus largas y delgadas ramas
extendiéndote hacia un cielo ilimitado.
Pero una bala te mordió

your heart and turned
your fingernails blue.
Those cutout holes
could never hear you,
"Stop following me!"
nor could they ever see
the prime green seventeen
of your youth.

Against a historical
American backdrop,
where saplings are lost,
a little man saw
an American TV monster
mightier than himself
and the only thing
that little man could do
was reach for the trigger—
too late to learn your pockets
were stuffed with dreams
of you, Trayvon, wearing a pilot hat
flying through mirthful blue skies
not pearls, not diamonds,
nor gold rings.

el corazón y te tornó
las uñas azules.
Esos hoyos recortados
no pudieron jamás oírte,
"Deja de seguirme!"
ni tampoco serían capaces de ver jamás
los verdes diecisiete en apogeo
de tu juventud.

Con esta historia
norteamericana de fondo
donde los arbolitos se pierden,
un hombre pequeño vio
un monstruo en la tele americana
más poderoso que él mismo
y la única cosa
que ese hombre pequeñito podría hacer
era tratar de alcanzar el gatillo,
pero era muy tarde para saber que tus bolsillos
estaban llenos de sueños
de ti, Trayvon, usando un gorro de piloto
volando a través de cielos alegres
que no eran perlas, ni diamantes,
ni anillos dc oro.

Traducción por Violeta Orozco

The Indictment of Index Fingers and Thumbs

Before Judge Justice
stood six index fingers
and six thumbs.

She asked, "Who pulled the trigger
of the pistol that killed
Charles Smith in Savannah, Georgia?

Who pulled the trigger
of the firearm that killed
John Crawford III in Beavercreek, Ohio?

Who pulled the trigger
of the gun that killed
Michael Brown in Ferguson, Missouri?

Who pulled the trigger
of the pistol that killed
Trayvon Martin in Gardens, Florida?

Who pulled the trigger
of the weapon that killed
Oscar Grant in Oakland, California?"

Who fired thirty rounds
of ammunition that killed
India Kager in Virginia Beach, Virginia?

Dumbfounded and with white knees
shaking, the index fingers
pointed at the firearms
with hollow eyes and answered,
"They did. Index fingers
and thumbs don't kill people.
Guns do," as middle fingers,

La acusación de los dedos índices y pulgares

Ante la Juez Justicia
estaban de pie seis dedos índices
y seis dedos pulgares.

Ella preguntó, "¿Quién jaló el gatillo
de la pistola que mató
a Charles Smith en Savannah, Georgia?

¿Quién jaló el gatillo
del arma de fuego que mató
a John Crawford III en Beavercreek, Ohio?

¿Quién jaló el gatillo
de la pistola que mató
a Michael Brown en Ferguson, Missouri?

¿Quién jaló el gatillo
de la pistola que mató
a Trayvon Martin en Gardens, Florida?

¿Quién jaló el gatillo
del arma que mató
a Oscar Grant en Oakland, California?

¿Quién disparó treinta balas
de munición que mataron
a India Kager in Virginia Beach, Virginia?

Enmudecidos y con las rodillas
temblando, los dedos índices
apuntaron a las armas de fuego
con los ojos vacíos,
"Ellas lo hicieron. Los dedos índices
y dedos pulgares no matan a la gente.
Las pistolas matan", contestaron

ring fingers, and pinky fingers
stood silently in complicity
side by side
without saying a word.

Judge Justice
had heard enough
of these twelve stooges
whose veiled index fingers
and thumbs locked
automatically,
so she deliberated her verdict:
"It is a shame that even though
you are all strong fingers
and thumbs you are *still*
afraid of the stories
your White Founding Fingers
told you about the Black
Boogeyman," she responded.
And so, Judge Justice
announced her verdict:
"Guilty! Guilty! Guilty! Guilty! Guilty!
Guilty! Guilty! Guilty! Guilty! Guilty!
Guilty! Guilty!"

mientras los dedos corazón,
anulares, y meñiques callados
de pie y de lado a lado
en complicidad
sin decir una palabra.

La Juez Justicia había
escuchado suficiente
de estos doce chiflados,
cuyos dedos con velos
y dedos pulgares se enganchaban
automáticamente
entonces deliberó su veredicto.
"Es una lástima que, aunque
todos ustedes sean dedos fuertes,
todavía les tengan miedo
a los cuentos
que sus Dedos Fundadores Blancos
les contaron del Cucuy
Negro", ella contestó.
Y entonces la Juez Justicia
anunció su veredicto:
"¡Culpable! ¡Culpable! ¡Culpable! ¡Culpable! ¡Culpable!
¡Culpable! ¡Culpable! ¡Culpable! ¡Culpable! ¡Culpable!
¡Culpable! ¡Culpable!"

Strange Bird

A lost bird
sat perched
on barbed wire.
Contemplating
his surroundings,
he stared
at a church
in the distance.

The bird,
hiding under
his feathers,
flew inside
the church.
He limped
around
and found
a Bible room.
The bird
entered
and sat
at a table
of twelve.

He sat there,
but the church
did not sing
his song.
He sat there,
but the church
did not resemble
his likeness.

Pájaro raro

Un pájaro perdido
encaramado
en alambre de púas.
Contemplando
sus alrededores,
miró
una iglesia
a la distancia.

El pájaro,
agazapado
bajo sus plumas,
ultrajó
la iglesia.
Cojeó de lado
a lado
y encontró
el cuarto
de lectura.
El pájaro
entró
y se sentó
en una mesa
de doce.

Estaba allí sentado,
pero la iglesia
no cantaba
su canción.
Estaba allí sentado,
pero la iglesia
no reflejaba
su semejanza.

He sat there
in a giant
white church
as a white
lonely bird,
feeling unsafe,
wrapped
in his white
ruffled feathers
and hissed,
"I am
here to shoot
black birds."

Estaba allí sentado
en una iglesia
gigante, blanca
como un pájaro
solitario, blanco,
sintiéndose inseguro,
arropado
en sus plumas
blancas erizadas
y siseó,
"Estoy aquí
para matar
aves negras".

Traducción por Sonia Gutiérrez y la Dra. María Dolores Bolívar

Strange Pájaro

Un pájaro perdido
sat perched
on barbed wire.
Contemplando
sus alrededores,
he stared
at a church
in the distance.

The bird,
escondiéndose
bajo sus plumas,
flew inside
the church.
He limped
around
y encontró
el Bible room.
The bird
entered
and sat
en una mesa
de doce.

He sat there,
pero la iglesia
it did not
sing su canción.
He sat there,
pero la iglesia
it did not resemble
his likeness.

He sat there,
en una iglesia
giant-white-church

como white
lonely bird,
feeling unsafe,
abrigado
en sus white
ruffled feathers
and hissed,
"Estoy aquí
to shoot
black birds".

Spanglish translation por Francisco J. Bustos

Word Problem

When an eruption
cannot be contained,
a city spews lava
in opposite directions.

The city aims
with molten rocks
from point x
to point y
and from point y
to point x,
spattering blood
across a city
penciled on red,
white, and blue
graph paper.

1 down,
2 down,
3 down, . . .
again and again.

What is the distance
between point x
and point y when x
represents whiteness
and y represents blackness?

Problema verbal

Cuando una erupción
no se puede contener,
la ciudad arroja lava
en direcciones opuestas.

La ciudad apunta
de punto x
a punto y,
y de punto y
a punto x,
escupiendo sangre
por toda la ciudad
hecha de papel
cuadriculado
rojo, blanco y azul.

1 hacia abajo,
2 hacia abajo,
3 hacia abajo, . . .
una y otra vez.

¿Cuál es la distancia
entre el punto x
y el punto y
cuando x representa la blanquitud
e y representa la negritud?

Neither Rooster, Nor Bird, Nor Human

The rooster is not a rooster;
he is a little man,
gouging humanity
with his little spurs and talons.

The bird is not a bird;
she is the singsong of trees,
greeting daybreak with her
multitudinous orchestra.

A human is not human;
he is an inhumane animal,
killing the Earth
with his utter will.

Ni gallo, ni pájaro, ni humano

El gallo no es gallo;
es un hombre pequeñito,
piqueteando a la humanidad
con espuelas y garras.

El pájaro no es pájaro;
es el sonsonete de los árboles,
saludando con su orquesta
multitudinaria el amanecer.

El humano no es humano;
es un animal inhumano,
matando a la tierra
con su voluntad total.

Testimony of a Tree

*"We want to do everything we can to make it
aesthetically pleasing to live here and conserve
what we can."*
                     —Caltrans Region Manager

They had wished their lives
on the superhighway
would always be green,
but nobody asked us
why one day we turned pale,
our bark fell and arms
went bare.

Nobody asked us
if we preferred living away
from the bulletmachines
that rang our ears all day.

Now they don't know
what will happen to us
because nobody asked us—
the trees—what we felt
or what we thought.

What I do know is we never
dreamed of living next to
burning black asphalt,
breathing the sulfuric waste
of humanity away from the birds
and bees next to these bulletmachines
that never seem to sleep
on Highway 805.

Testimonio de un árbol

"Queremos hacer todo lo que podamos para que sea
estéticamente agradable vivir aquí y conservar
lo que se pueda".
　　　　　　　—Gerente Regional de Caltrans

Habían deseado que sus vidas
en la supercarretera
siempre fuesen verdes,
pero nadie nos preguntó
por qué un día empalidecimos,
a nuestros brazos se les cayó la corteza
y quedamos desnudos.

Nadie nos preguntó
si preferíamos vivir lejos
de las maquibalas
que zumbaban nuestros oídos todo el día.

Ahora no saben qué pasará
porque nadie nos preguntó
a nosotros, los árboles
que sentíamos o qué
pensábamos nosotros.

Lo que siempre supe
es que jamás soñamos vivir
al lado del asfalto negro ardiente,
respirando el desecho sulfúrico
de la humanidad lejos de los pájaros
y las abejas al lado de estas maquibalas
que tal parece nunca duermen
a lo largo del Highway 805.

Bones Speak

"Ayotzinapa: river of little squash"

Los huesos hablan

"Ayotzinapa: río de las calabacitas"

Huesos speak

"Ayotzinapa: river of calabacitas"

Their dogs
behaved
as if
it was
the last
bone
but their
owners
knew tons
and tons
of bones
were stored
in their
white
house
at Los Pinos
in government
palaces
dwarfing
the little
houses
of Ayotzinapa
They built
botanical
gardens
to appease
their conscience

Sus perros
se comportaban
como si
fuera
el último
hueso
pero sus
dueños
sabían
que había
toneladas
y toneladas
de huesos
almacenados
en su casa
blanca
en Los Pinos
y en los palacios
de gobierno
achicando
las casitas
de Ayotzinapa
Construyeron
jardines
botánicos
para apaciguar
su conciencia

Their perros
behaved
as if
it was
the last
hueso
pero los
dueños,
they knew
there were
tons
and tons
of huesos
almacenados
en su white
house,
at Los Pinos,
and in the palacios
de gobierno
dwarfing
las casitas
of Ayotzinapa
They built
botanical
jardines
to appease
their conscience

by distracting
their very
important
visitors
but bones
peered
through
the foundations
Bones
were not mute
They talked
Five hundred
years later
they leave
us skinned
red masks
with minced
eyes And from
the river
of little squash
8,858 bones
took over
the nation's
sentiment
and lit México
on fire
We step
firmly
for our daughters
and sons
with or without
huaraches
with tennis shoes
or shoes
with sandals
or boots
this sacred
ground

y distraer
a sus invitados
importantísimos
pero los huesos
no eran mudos
Hablaban
Los huesos
se asomaron
por los cimientos
Los huesos
no estaban mudos
Hablaban
Quinientos años
después
nos dejan
máscaras rojas
sin piel
y ojos picados
Y del río de
las calabacitas
8,858 huesos
se apoderaron
del sentimiento
de la nación
y lo encendieron
en llamas
Pisamos
fuerte
por nuestras hijas,
hijes, e hijos
con y sin huaraches
con tenis
o zapatos
con sandalias
o botas
este suelo
sagrado

and distract
their invitados
importantísimos
but los huesos
were not mute
Hablaban
Los huesos
they peered
through the
foundations
Five hundred
years después
they leave us
skinned red
máscaras
with ojos
picados
And from the river
de las calabacitas
8,858 huesos
they took over
the sentiment
of the nation
y lo encendieron
en flames
We step
fuertes
for our hijas, hijes,
and hijos
with or without
huaraches
with tennis shoes
o con zapatos
with sandals
o con botas
this sacred
suelo-ground
that our

our ancestors
walked,
leaving
behind fear
making
the tamers
who sniff
money tremble
and arm
themselves
to the teeth
It is clear
bones
do speak
You, the valiant
forty-three
planted
fearless
seeds
because
The Mexican
Dream
—worthy of
harvesting—
does exist

que nuestros
antepasados
caminaron,
dejando atrás
el miedo
haciendo
que los domadores
olfateen
el dinero,
tiemblen
y se armen
hasta los dientes
Está claro
los huesos
sí hablan
Ustedes,
los cuarenta y tres
valientes,
sembraron
semillas sin miedo
porque el sueño
mexicano
—digno
de cosechar—
sí existe

ancestors
walked
leaving
behind
el miedo-fear
hacienda temblar
a los tamers
los domadores
who sniff dinero
el miedo-fear y se
arman
hasta los teeth
It is clear
los huesos do
speak
You, los valiant
cuarenta y tres
planted
fearless
semillas
El Mexican
sueño
—worthy of
harvesting—
does exist

Traducción por
Francisco J. Bustos

III

They Say

They say animals don't feel.
But have you seen the stare of the declawed
tiger in his house made of glass?

They say animals don't feel.
But have you heard the birds flee
from the lit eyes of tall buildings?

They say animals don't feel.
But have you seen the ambushed rhinoceros
cry for her sawed-off horn?

And they say that one day we will go
see house sparrows at the zoo.
But they say, *you know*, they say.

Dicen

Dicen que los animales no sienten.
¿Pero has visto la mirada del tigre
sin garras en su casa de vidrio?

Dicen que los animales no sienten.
¿Pero has escuchado a los pájaros huir
de los edificios altos con los ojos encendidos?

Dicen que los animales no sienten.
¿Pero has visto a la rinoceronta emboscada
llorar por su cuerno aserrado?

Y dicen que algún día sólo podremos ir
a ver a los gorriones comunes al zoológico.
Pero dicen, *tú sabes*, dicen.

Days of Thunder

There are days of thunder
when we must carry
food to places thousands
and thousands of miles away.

There are ant colonies,
where impetuous lightning
bolts do not cease. All around
there is no calm air: it chokes.
Lightning strikes incessantly,
sparking fires and pillaging
the sacred—the tiny chinks
of our homes and the dozens
and dozens of tender figs
hanging from trees.

Despite the elements,
injured we rise to our feet
while brigades from faraway colonies
bring shovels and lamps
to aid—never forgetting
we are all ants.

Day after day our screams
reverberate through the rubble.
With muddied faces,
we look for our beloved,
lift their fallen bodies,
and carry them away
because for us ants, saying
goodbye is never easy.

Amidst the hail and dark winds,
again and again, we resurface—
certain that together
we will always survive
the days of thunder.

Dias de estruendo

Hay días de estruendo
cuando debemos
cargar comida a lugares miles
y miles de kilómetros de distancia.

Hay colonias de hormigas
donde los estruendos impetuosos
no cesan. Todo alrededor,
el aire no tiene calma: ahorca.
Y los relámpagos golpean sin cesar,
chispeando fuego y saqueando
lo sagrado, las grietas pequeñas
de nuestras casas y las docenas
y docenas de higos tiernos
colgando de las higueras.

A pesar de los elementos,
heridas nos ponemos de pie
mientras brigadas de colonias distantes
traen palas y lámparas
para auxiliar, nunca olvidando
que todas somos hormigas.

Día tras día nuestros gritos
resuenan entre el escombro.
Con nuestras caras enlodadas,
buscamos a seres queridos,
y los levantamos porque
para nosotras las hormigas
cuando una hormiga muere,
es difícil decir adiós.

En medio del granizo y los vientos oscuros,
una y otra vez, las hormigas, resurgimos
seguras que juntas
siempre sobrepasaremos
los días de estruendo.

Study Skills

Little Bird, study what they do between the nights and days—the
bold yeas and nays with their duping delight smiles and sardonic
hidden smirks. And then rise, Little Bird, spread your wings and
show those humanoids how high you can fly to the North Star.

Técnicas de estudio

Pajarito Chiquitito, estudia lo que hacen entre las noches y los días
—los sí y los no audaces con sus sonrisas con el placer de engañar
y sus gestos sardónicos escondidos. Y después levántate, Pajarito
Chiquitito, extiende tus alas y enséñales a esos humanoides qué tan
alto puedes volar a la Estrella del Norte.

Skills de Studying

Little Pajarito, study lo que hacen entre las nights y los days—los
yesses y los nos audaces with their duping delight smiles y hidden
smirks sardónicos. Y después rise, Little Pajarito, extiende your
alas and show those humanoids how high puedes volar a la North
Star.

Spanglish translation por Francisco J. Bustos y Sonia Gutiérrez

Paper Hosts

Nobody leaves this world;
we are all here.
From dust the tree is born;
from paper, we all eat.

Nobody leaves this world;
we are paper hosts.
Yesterday, I ate Lavinia's tongue;
today, I eat Pedro Múzquiz.

Hostias de papel

Nadie se va de este mundo;
todos estamos aquí.
Del polvo nace el árbol;
del papel comemos todos.

Nadie se va de este mundo;
somos hostias de papel.
Ayer me comí la lengua de Lavinia;
hoy me como a Pedro Múzquiz.

Eulogy for Súper Pancho from the Land of Maíz

Crowned with a black sombrero,
a halo of dust trails
behind Súper Pancho
from the Land of Maíz
as his tan steel-toe work boots
touch the ground.

Súper Pancho's tamal arms
and legs don't hide
from the scorching sun
to sell diamond-faced
watches nor does he build
golden hotel skyscrapers,
reaching for the Green
Dollar God.

On site, his super eyes
look at an hablador
straight in the eye
and know he's spoofing.
Súper Pancho stands his ground
against hate giants,
who only see his dusty jeans
like the *"Don't do this!"*
and *"Don't do that!"*
rule droppers,
spitting rocks for words
like "Stop throwing
dirt at my truck!"

At recurring snarling remarks
like that on a construction site,

Elogio para Súper Pancho de la Tierra del maíz

Coronado con un sombrero negro,
una aureola de polvo arrastra
detrás de Súper Pancho
de la Tierra del Maíz
mientras sus botas punteras marrones de acero
tocan la tierra.

Los brazos y piernas de tamal
de Súper Pancho no se esconden
del sol abrasador
para vender relojes con carátula
de diamantes, ni construyen hoteles
rascacielos dorados,
acercándose al Dios
del Dólar Verde.

En la obra, sus súper ojos
ven a un hablador fijo
y saben cuándo están burlándose.
Súper Pancho se mantiene firme
contra los gigantes del odio,
que sólo ven sus pantalones
de mezclilla empolvados,
y sus reglas
¡*"No hagas eso"*!
y ¡*"No hagas aquello"*!
escupiendo piedras por palabras,
como ¡"Deja de echar
tierra a mi camioneta"!

A comentarios gruñones recurrentes
como esos en una obra de construcción,

Súper Pancho whips out
his corn-tortilla cape
as he unearths his shovel
and raises his super weapon,
and pácatelas Mr. Liberty Mouth
runs away from Súper Pancho
who gains momentum
with his machete shovel
in midair. "¡Mátalo!"
rages the work crew,
"¡Mátalo Panchito!"
But underneath
that faded tattered T-shirt,
Súper Pancho carries
a sacred heart
that doesn't kill cuz
he's not a man-killing-man.

If Súper Pancho witnesses
a Mr. Liberty Mouth lash out
torture words at his fellow workers,
he loosens his super huarache tongue.
And when Mr. Liberty Mouth
blares at him for taking off
his long-sleeved shirt,
Súper Pancho steps hard
with words, "¡A mí no me gritas cabrón!
¡Aquí ya no estamos viviendo
en los tiempos de la esclavitud!
¡Quédate con tu pinche trabajo!"
and walks away. With SP stamped
proudly on his chest,
his super strength
goes where he will raise
strong foundations.

Súper Pancho saca
su capa de tortilla
mientras desentierra su pala
y alza su súper arma,
y pácatelas Mister Palabras de Libertad
se aleja corriendo de Súper Pancho
quien gana fuerza
con su pala machete
en el aire. ¡"Mátalo"!
le gritan los trabajadores,
¡"Mátalo Panchito"!
Pero debajo
de esa camiseta deshilachada,
Súper Pancho carga
un sagrado corazón
que no mata porque
no es un matahombres.

Si Súper Pancho es testigo
de un Mister Palabras de Libertad
latigar palabras a sus compañeros,
afloja su súper lengua huarache.
Y cuando un Míster Palabras de Libertad
le grita por quitarse
su camisa de manga larga,
Súper Pancho pisa fuerte
con sus palabras, ¡"A mí no me gritas cabrón!
¡Aquí ya no estamos viviendo
en los tiempos de la esclavitud!
¡Quédate con tu pinche trabajo"!
y se aleja. Con SP estampado
orgullosamente sobre su pecho,
su súper fuerza
se irá adónde levantará
cimientos fuertes.

At home, on Saturdays
Súper Pancho trades
his shovel for a super apron
and prepares his super hands
for the rhythm of the molcajete
from the Land of Maíz—
mano a mano,
super flesh meets volcanic rock.
Garlic, toasted chiles verdes
and tomatoes erupt
as salsa overflows
into Súper Pancho's
hand-made tortillas.

After a sacred meal,
surrounded by corn tortilla faces,
while humming a song,
he takes a broom
and mop for a dance
across a smudged floor,
he tells his sons,
"A la mujer no se le pega
ni con el pétalo de una rosa".
With his avocado belly,
he heads to his backyard and walks
into The Garden of Dreams,
where no weed
is too stubborn
for his super hands,
where no tree is too tall
for his reach,
where he and his Súper Lola
tend a green Michoacán
in Alta California—
where trees bear fruit,
dancing to the beat
of cumbias and rancheras.

En casa, los sábados
Súper Pancho intercambia
su pala por un súper mandil
y prepara sus súper manos
para el ritmo del molcajete
de la Tierra del Maíz,
mano a mano,
súper piel se encuentra con piedra volcánica.
Ajo, chiles verdes
y tomates tostados entran en erupción,
mientras la salsa se desborda
en las tortillas hechas a mano
de Súper Pancho.

Después de un alimento sagrado,
rodeado de caras de tortilla de maíz,
mientras tararea una canción,
y le da una bailada a la escoba y el trapeador
sobre un piso manchado,
les dice a sus hijos,
"A la mujer no se le pega
ni con el pétalo de una rosa".
Con su panza de aguacate,
se dirige a su patio y camina
hacia El Jardín de los Sueños,
donde ninguna hierba
es demasiado terca
para sus súper manos,
donde ningún árbol es demasiado alto
para su alcance,
donde él y su Súper Lola
cuidan un Michoacán verde
en Alta California,
donde los árboles dan fruto,
bailando al compás
de cumbias y rancheras.

And on one of those rare weekends,
when work slows down,
Súper Pancho crosses
pseudo borders
on his flying tortilla carcacha
far away for the weekend
with his family,
who fasten up like tamales
to the Land of Maíz,
where homes breathe
tortillas and frijoles—
away from the white and red bars
that always await the return
of the super strength
of Súper Pancho.

Y en uno de esos días poco comunes,
cuando el trabajo disminuye,
Súper Pancho cruza
las pseudo fronteras
en su carcacha tortilla voladora
lejos por el fin de semana
con su familia,
que se ajustan como tamales
y se van rumbo a la Tierra del Maíz
donde los hogares respiran
tortillas y frijoles
lejos de las rejas blancas y rojas
que siempre esperan el regreso
de la súper fuerza
de Súper Pancho.

121

Eulogy for Súper Pancho from the Land of Maíz

Crowned with black sombrero,
a halo of polvo trails
behind Súper Pancho
from la Tierra del Maíz
as his steel-toe botas punteras
touch la tierra.

Súper Pancho's tamal arms
and piernas don't hide
del scorching-sol abrasador
to sell diamond-faced
relojes nor does he build
dorado hotel skyscrapers
reaching for el Green
Dios del Dollar.

En la obra, his super eyes
look at an hablador
straight into his ojos-eyes
and know he's spoofing.
Súper Pancho stands his ground, firme,
against gigantes del hate,
que solo miran his dusty jeans
like the *"Don't do this!"*
y eso de *"Don't do that!"*
rule droppers,
spitting piedras por palabras,
like "Stop throwing
tierra at my troca!"

A los recurring remarks gruñones
como esos *en la obra, en la construction site,*
Súper Pancho whips out
his corn-tortilla cape
as he unearths his pala-shovel

and raises his super arma,
y pácatelas Mr. Palabras de Libertad
run away from Súper Pancho
quien gana fuerza
with his machete shovel
in midair. "¡Mátalo!"
rages the work crew,
"¡Mátalo Panchito!"
But underneath
de esa T-shirt deshilachada,
Súper Pancho carries
un sacred heart
that doesn't kill porque
no es un man-killing-man.

If Súper Pancho
witnesses a Mr. Liberty Mouth
lash out palabras-latigazos
at his fellow compañeros
he loosens his super huarache lengua.
Y cuando Mr. Liberty Mouth blares
at him, por quitarse
su long-sleeved shirt,
Súper Pancho steps hard
with words, "¡A mí no me gritas cabrón!
¡Aquí ya no estamos living
en los tiempos de slavery!
¡Quédate with your pinche trabajo!
And walks away
with SP stamped proudly
sobre su pecho,
su super fuerza-force se va
where he will raise
strong foundations.
At home, los sábados
Súper Pancho trades
his pala-shovel for a super mandil
y prepara sus super hands

for the ritmo del molcajete
from the Land del Maíz.
Mano a mano, super carne-flesh
meets volcanic piedra.
Ajos, roasted chiles verdes
and tomatoes erupt,
y la salsa overflows
into Súper Pancho's
hand-made tortillas.

After a sacred meal,
rodeado de corn tortilla faces,
while humming a rola,
toma la broom
and the mop for a baile
across a piso manchado
y les dice a sus hijos,
"A la mujer no se le pega
ni con un rose petal."
With his avocado belly,
he heads to his backyard
and walks
hacia al Jardín de Los Dreams,
donde ninguna weed
es too stubborn
for his super manos,
where ningún árbol es too tall
for his reach,
where he and his Súper Lola
tend a verde Michoacán
in Alta California—
where trees dan fruto,
dancing to the beat
of cumbias and rancheras.

Y en esos raro weekends,
cuando la chamba slows down,
Súper Pancho cruza

las pseudo borders
en su flying tortilla carcacha
lejos-far-away-lejos el fin de semana
with his familia,
who fasten up como tamales
to la Land of Maíz,
where homes-hogares breathe
tortillas y frijoles—
lejos-far-away-lejos de las white and red bars
that always await el regreso
de la super fuerza-force
de Súper Pancho.

Spanglish translation por Francisco J. Bustos

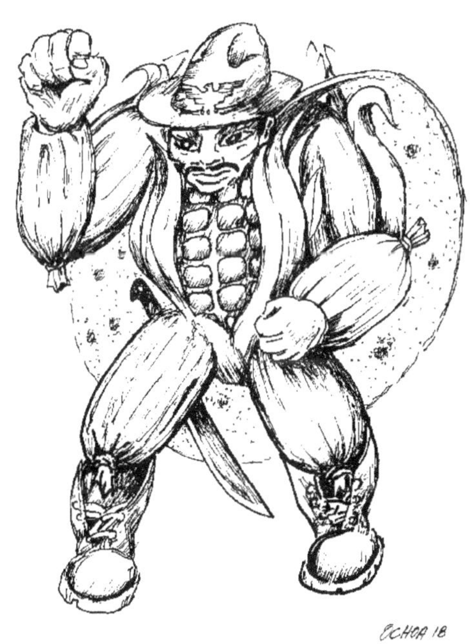

125

In The Garden of Dreams

In The Garden of Dreams,
when the heaviness
weighs pavement low,
only the winds can lift
these fingers to touch
the green guava leaves.

The Earth's skin
calls these dormant
green hands to uproot crabgrass,
to pluck dry leaves,
and to water earthen pots.
Because here, there is no place
for folk to mope around
with a screaming
emoji face. *Oh no!*

Fifty feet away,
leaning against the wall,
Ms. Rake hollers, "These trees'
branches need shaking;
let it rain desert brown and yellow
all around! Rake!" And she's right!
Because if bodies dawdle
around aimlessly
in The Garden of Dreams,
weed vines will overtake
the dancing dwarf orange tree
and the guava trees'
white blossoms.
And the cawing crows
will most certainly
peck and eat this year's purple
and green delights, hanging
from the large-leaved fig trees.

En El Jardín de los Sueños

En El Jardín de los Sueños,
cuando la pesadez
anda por los suelos como el cemento,
sólo los vientos pueden levantar
a estos dedos para que toquen
las verdes hojas de guayaba.

La piel de la tierra
llama a estas manos
verdes dormidas para arrancar garranchuelos,
jalar hojas secas,
y regar macetas de barro.
Porque aquí, no hay lugar
para gente abatida
con cara de emoji
gritando *¡Ay no!*

A cincuenta pies de distancia,
recargada contra la pared,
la Señorita Rastrillo grita, "¡Estas ramas
de los árboles necesitan un sacudón;
que llueva un café desierto y amarillo
a todo alrededor! ¡Rastrilla!" ¡Y está en lo correcto!
Porque si los cuerpos
sin rumbo pierden el tiempo
en El Jardín de los Sueños,
la maleza invadirá
el pequeño naranjo danzante
y las flores blancas
de los guayabos. Y los cuervos
graznarán, seguramente,
picotearán, y comerán
las delicias verdes y moradas,
colgando de las higueras de hojas
grandes de este año.

In the dream garden,
birds are singing,
where Ms. Ruby Red
Geranium's dry petals
peer through the fleshy
purple rose succulents.
Her chapped lips await
the copper watering can's
heavy drizzle
that will make her roots
dance with delight.

But before these hands
tend the dream garden,
I reach for Tata Sun
who keeps us warm
and Nana Moon
who grows light
in her womb.
There is a brightness
in all the flowers
where I am intertwined;
this I know for certain
when my eyes meet Mr. Fern
in need of a trim.
And before I can get
my hands through his fronds,
I make sure I smother myself
with rosemary and am reminded
everything will be fine
because The Garden of Dreams
did not begin with me;
its seeds were passed
down to me,
Guardian of the Earth.

En el jardín de sueños,
los pájaros están cantando,
a través de los suculentos
rosados morados,
los pétalos secos de la Señora Geranio
Rojo Rubí se asoman.
Sus labios partidos esperan
la llovizna pesada
de la regadera de cobre
que harán sus raíces y hojas
bailar con deleite.

Pero antes de que estas manos
atiendan el jardín de ensueño,
alcanzo a Tata Sol
que nos mantiene cálidos
y hacia Nana Luna
que crece luz
en su vientre.
Hay un brillo
en todas las flores,
donde estoy entretejida;
esto lo asevero con certeza
cuando mis ojos ven al Señor Helecho
con necesidad de un corte de cabello.
Y antes de meter
mis manos entre sus frondas,
me aseguro de untarme
romero y recuerdo
que todo va a estar bien
porque El Jardín de Los Sueños
no empezó conmigo;
sus semillas me fueron
entregadas a mí,
Guardiana de la Tierra.

From the Shovel to the Guitar

My father never sat behind
The comfort of a desk,
Surrounded by imperfectly
Positioned books and photographs,
To write poetry.

Instead, at fifty-three, my father
Understood the language
Of the unruly Earth.
He tilled hectares handed down
To him—Keeper of the Earth.

At sixty, his fists
Loosened the grip
Of the master's shovel.
His clumsy fingers
Looked at each other
And did what they had always
Wanted to do—
Tame a guitar's strings,
But silver and nylon strings
Tamed him.

My father never sat behind
The comfort of a desk,
Surrounded by imperfectly
Positioned books
And photographs,
To write poetry.
But now, at sixty-four
My father sings strums
the songs of our tomorrows.

De la pala a la guitarra

Mi padre nunca se sentó
Detrás de la comodidad de un escritorio,
Rodeado de libros
Y fotografías
Imperfectamente posicionadas,
Para escribir poesía.

En lugar de eso, a los cincuenta y tres,
Mi padre entendió el lenguaje
De la tierra revoltosa.
Arreaba hectáreas heredados
A él —Guardián de la Tierra.

A los sesenta, sus puños
Soltaron el apretón
De la pala del patrón.
Sus dedos toscos
Se observaron uno al otro,
E hicieron lo que siempre
Quisieron hacer
Domar las cuerdas de la guitarra,
Pero las cuerdas de plata y nylon
Lo domaron a él.

Mi padre nunca se sentó
Detrás de la comodidad de un escritorio,
Rodeado de libros y fotografías
Imperfectamente posicionadas
Para escribir poesía.
Pero ahora, a los sesenta y cuatro
Mi padre canta rasguea
Las canciones
De nuestros mañanas.

From the Pala-Shovel to la Guitarra

Mi padre, he never sat behind
El comfort de un desk
Rodeado by imperfectly
Positioned libros and fotografías,
To write poesía.

Instead, at fifty-three, mi padre,
He understood the language
De la tierra revoltosa.
He tilled hectares handed down
To him —Guardián de la Tierra.

A los sixty, his fists
Soltaron el grip
Of the master's shovel.
His dedos toscos
Looked at each other
And did, lo que siempre, what they always
Wanted to do
Tame a guitar's strings
Pero las strings
De silver y nylon,
Lo domaron a él.

Mi padre, he never sat behind
El comfort de un desk
Rodeado by imperfectly
Positioned libros
And fotografías,
To write poesía.
Pero ahora, a sus sixty-four
Mi padre, ageless,
Canta rasguea songs-canciones
Of tomorrow's existence.

Spanglish translation por Francisco J. Bustos

Paper Birds

Let me tell you what poems do.
With letters hanging
from their chipped beaks
and sharp talons,
poems with their immense wings
fly over tempestuous oceans,
where an eye of a hurricane
awaits them—swallows
and spits them out.

Because some poems,
I must confess
are difficult to chew.

They arrive at their destinies
worn out with their wings
plucked by the winds
disguised as paper birds.

As once more,
century after century
before the eyes of the reader,
their feathers sprout;
feather by feather
a poem is born,
and letters take flight.

Pájaros de papel

Déjame te cuento lo que hacen los poemas.
Con letras colgando
de sus picos y garras afiladas,
los poemas con sus alas inmensas
vuelan sobre mares tempestuosos,
donde el ojo de un huracán
los espera, se los traga
y los escupe.

Porque algunos poemas,
debo confesar
son difíciles de masticar.

Ellos llegan a sus destinos
agotados con sus alas
desplumadas por los vientos
disfrazados como pájaros de papel.

Mientras una vez más,
por los siglos de los siglos
ante los ojos del lector,
sus plumas vuelven a brotar;
pluma por pluma
nace el poema
y las letras levantan vuelo.

Paper Pájaros

Dame chanza explicarte what poems do
con letters colgando
de sus picos
and sharp garras,
poemas con sus immense wings
volando volando sobre tempestuous oceans,
donde el ojo-eye del huracán
los espera—se los traga
and spits them out.

Because some poemas,
I must confess
son muy pero muy difficult de masticar.

Llegan a sus destinies
agotados with their wings
plucked by los vientos
disguised as paper pájaros.

As once more,
siglo after siglo after siglo
ante los ojos de sus readers,
their plumas sprout;
pluma por feather y feather por pluma
a poema is born,
y las poetic letras take flight.

Spanglish translation por Francisco J. Bustos

Chirpy Little Grossbeak

Chirpy little rose-breasted grosbeak,
science already has a name for you.
Bilateral Gynandromorph—
they discovered you.

You laugh at the pomposity
of their discovery. Scientists allege
your gynandromorphism evolved
sixty-four years ago
when they discovered
red-male and female-yellow
feathers in one bird.

When they looked at you,
beautiful bird, their mouths
dropped and uttered,
"A rare occurrence—" and
"—like seeing a unicorn."
Onlookers even called
your sight *"bizarre—."*

Giddy scientists extend
your wings and display them
for the world to see that,
yes indeed, the plumage under
your right wing emanates red
and the left canary yellow!
Your red-male wing is longer
and tail split! What a discovery!

You giggle at their naïveté.
What would scientists do
if they discovered a *bilateral
gynandromorph homo sapien?*
As they have done with you,

Alegre picogordo pechirosa

Alegre picogordo pechirosa
la ciencia ya tiene nombre para ti.
—*Ginandromorfo Bilateral*—
te han descubierto.

Te ríes de la pomposidad
de su hallazgo. Los científicos alegan
que tu ginandromorfismo evolucionó,
hace sesenta y cuatro años,
cuando notaron
en un mismo pájaro el plumaje
rojo del macho y el amarillo de la hembra.

Al observarte,
hermoso pájaro, boquiabiertos
balbucearon,
"*Rara ocurrencia*" y
"*como si viéramos un unicornio*".
Los expectantes hasta te dijeron
"*bizarro*".

Aturdidos, los científicos
extendieron tus alas para mostrarlas
y que el mundo viese que
sí, ¡de verdad, tu plumaje emanaba
rojo, bajo tu ala derecha
y amarillo canario, bajo la izquierda!
Tu ala roja de macho es más larga
y tu cola es quebrada. ¡Vaya descubrimiento!

Tú, te ríes de su ingenuidad.
¿Qué harían los científicos
al descubrir un *homo sapiens*
ginandromorfo bilateral?
Como han hecho contigo,

beautiful bird, they'd aver,
"It's a rare anomaly!"

Don't listen to them,
chirpy little grosbeak.
Sing your song
since we both know
you exist everywhere—
in the duality
of regenerating lobsters,
telescopic chickens,
percussionist grasshoppers,
and sun-searching butterflies . . .

That neither silly little *homo sapiens*
nor a chilly winter for now will halt
your yellow and red feathers'
mighty flap.

Wherever you fly this winter—
Florida, México, or Colombia . . .
¡Buen viaje, Pajarito!

bello pájaro, advertirían,
¡"Es una rara anomalía"!

No les prestes oídos
alegre picogordo pechirosa.
Entona tu canto
ya que los dos sabemos
que existes en todas partes
en la dualidad
de las langostas regenerativas;
en las gallinas telescópicas;
en los saltamontes percusionistas
y las mariposas buscadoras del sol.

Que ni el pequeño y travieso *homo sapiens*,
ni el frío invierno, por ahora, pondrán fin
al poderoso aleteo
de tus plumas amarillas y rojas.

Dondequiera que vueles este invierno
Florida, México, o Colombia . . .
¡Buen viaje, Pajarito!

Traducción por la Dra. María Dolores Bolívar

Doors

There are doors
that open on their own.
But there are others
that even though
they are crumbling
they are locked
under invisible
triple locks; their keys
are at the bottom
of the ocean floor
surrounded
by white sharks.
Those doors
do not attempt
to open
on whims or with blows.
Instead, roll up
your sleeves;
build doors
with paints
and brushes,
nails and a hammer,
or with the magic wand
of your imagination.
One day you will
suddenly see
foundations with friendly
doors greet you.
You will enter,
turn back, and see
from afar
those ancient doors
only have a few
borrowed centuries left.

Puertas

Hay puertas
que solitas se abren.
Pero hay otras
que, aunque
estén desmoronándose
están atrancadas
con tres chapas
invisibles, sus llaves
están oxidándose
en el fondo del océano
rodeadas
de tiburones blancos.
Esas puertas
no intentes abrirlas
a caprichos o a golpes.
Mejor arremángate
la camisa;
construye puertas
con brochas
y pinturas,
clavos y un martillo,
o con la varita mágica
de tu imaginación.
Un día de pronto
verás que
aparecerán fundamentos
con puertas
amables a saludarte
porque te habían
estado esperando.
Entrarás, te darás vuelta,
y verás a lo lejos
que las puertas
antiguas sólo tienen
los siglos contados.

Cosmos

I am a Wind Woman from the whirlwind of memory.
I am a Tree Woman with perfectly imperfect knots.
I am a Fruit Woman from the ripe mango and avocado trees.
I am a Bird Woman fluttering through time.
I am a Water Woman who drips between her legs.
I am a Blood Woman who flows to and from rivers and oceans.
I am a Moon Woman who rides high tides.
I am a Fish Woman tattooed with the palette of rainbows.
I am an Earth Woman from the depths of sacredness.
I am a Corn Woman from the harvest of my ancestors.
I am a Fire Woman who evaporates Holy Water.
I am a Spider Woman who stealthily weaves herself.
And one day I will be a Bone Woman who will return
dressed as the cosmos.
And, *you*, who are you?

after María Sabina

Cosmos

Soy Mujer Viento del remolino de la memoria.
Soy Mujer Árbol con nudillos perfectamente imperfectos.
Soy Mujer Fruta de los árboles del mango y aguacate maduro.
Soy Mujer Pájaro que revolotea a través del tiempo.
Soy Mujer Agua que se escurre entre sus piernas.
Soy Mujer Sangre que fluye al mar y al río.
Soy Mujer Pez tatuada con la paleta de los arcoíris.
Soy Mujer Luna que pasea las mareas altas.
Soy Mujer Tierra de la profundidad sagrada.
Soy Mujer Maíz de la cosecha de mis antepasados.
Soy Mujer Fuego que evapora el Agua Bendita.
Soy Mujer Araña que se teje sigilosamente.
Y un día seré Mujer Hueso que retoñará vestida del cosmos.
¿Y, *tú*, quién eres?

al estilo de María Sabina

Teresa and the Birds Inside

Sitting uncomfortably at the DMV, Teresa looked around to see if anyone else could hear the noise above her, but strangers filling out paperwork, waiting their turn, and sitting next to her went about their business. Grasping a clipboard, Teresa heard the sound hovering over her like unannounced screeching owls coming at her. That's what surprised her; owls hooted at night not in broad daylight. It was almost closing time—one hour before Teresa would have her last opportunity to renew her desperately needed driver's license that would expire in a few hours. Teresa asked the red-whiskered man in a black leather vest sitting next to her, "Excuse me, Sir. Do you hear that?"

"Hear what?" asked the stranger.

"That sound," replied Teresa pointing up with her index finger.

"What sound?"

Teresa asked the man, "You don't hear that?" as she looked up—unable to identify where exactly the noise was coming from. The man shook his head. In that large undecorated room, no one seemed to be bothered by the distinct sounds except Teresa.

With her ears exposed to the world and fidgeting in her chair, Teresa filled in her name. Where she was writing her first name, she crossed it out several times with black ink to print her last name, Carrion. Slowing down to make sure she didn't make any more careless mistakes; she wrote Teresa in bold letters. Above her, the commotion kept tugging at her, and Teresa wished she could zero in on the noise above her and silence the disquietude that kept interrupting her train of thought.

Teresa y los pájaros que la habitan

Teresa observaba su entorno mientras permanecía sentada, en el DMV[4]; quería saber si alguien más había notado el ruido que venía de arriba, pero quienes ocupaban los asientos, al lado, estaban en lo suyo, llenando formularios y esperando turno. Aferrada a su tablilla, Teresa escuchó aquel sonido como si flotara sobre su cabeza, la sorprendió que la asediara un chillido de búhos, más aún, que fuesen búhos, ya que estos suelen de común alborotar de noche y no a plena luz del día. Estaban a punto de cerrar —hacía una hora que Teresa aguantaba la última oportunidad de renovar su licencia, misma que necesitaba desesperadamente, pues estaba a punto de vencérsele. Teresa le preguntó al hombre de barbas rojas y chaleco de cuero negro que tenía al otro lado, —Perdón, Señor. ¿Oye usted eso?

—¿Oír qué? —preguntó aquel extraño.

—Ese sonido, —replicó Teresa apuntando hacia arriba con el índice.

—¿Qué sonido?

Teresa insistió con el mismo señor, —¿No oye eso? Volteaba hacia arriba sin poder identificar de dónde exactamente venía el ruido. Esta vez el hombre sacudió la cabeza; en aquel edificio, carente de decoraciones, nadie parecía perturbado por los claros chirridos que solo Teresa escuchaba.

Teresa puso su nombre en el formulario, al tiempo en que seguía, con los oídos expuestos al mundo e inquieta en su asiento. Al escribir su primer nombre, tachó varias veces, en negro, antes de poner su apellido, Carrión. Alentó el trazo para asegurarse de que no volvía a equivocarse, por descuido, y escribió Teresa, con letra de molde. Encima de ella, la conmoción seguía, distrayéndola, y deseó que no hubiese ningún ruido ahí; que pudiese silenciar aquel desasosiego que entorpecía sus pensamientos.

---

4 Department of Motor Vehicles (DMV) por su traducción al español Departamento de Motores y Vehículos.

Noticing her impatience, the man glanced at her ticket. 132B. "It's not too bad," affirmed the stranger as he rose to his feet and walked away. Wide-eyed, she nodded silently without peeping a word.

When she saw the TV screen barely announcing 115B, Teresa realized it would be excruciating for her to wait such a long time. It was the first time she had noticed it publicly. The mechanical syncopated noise seemed to be coming from the air conditioner, kept interrupting her concentration. It was unbearable. She tried to remember her mother's date of birth as the sounds entered her mind incessantly. *March or April?* She questioned herself and wondered why only she could hear the disturbing noise. Trying not to call attention to herself, Teresa tried to shake the noise off with quick sudden jerks by moving her head from right to left several times. But she could not shut out the noise.

In that humming room, Teresa didn't know if she could stay or if she should run out of the building. *If she stayed, what would happen?* And if she left, there could be dire consequences. Potential jail time and a fine up to $1,000.00 if a police officer pulled her over. The towing of her minivan. And John.

In the privacy of her home months prior, a restless Teresa straightened her long hair several times before she left the dinner table when her children's chewing had become intolerable. The mastication from their little sparrow mouths emitted grotesque sounds that repudiated her. She longed to still have her childhood ears when playground ruckus had comforted her, but Teresa was now thirty-five and married with three children. Whatever she was feeling had onset inconveniently at the DMV. At home, the caws from afar entered her bedroom's windows and walls. What had once sounded like the cooing of doves soothing her had become unbearable caws of crows circling in on her wherever she went—to the bathroom, to the living room, to the bedroom, and to the kitchen.

Al advertir su impaciencia, el individuo fijó la vista en la papeleta que indicaba su turno, 132B. —No está mal, —afirmó, antes de ponerse de pie y alejarse. Pelaba los ojos y asentía con la cabeza, sin proferir palabra.

Apenas reparó Teresa en que anunciaban el 115B en la pantalla, se dio cuenta de que le sería insufrible aguardar otro rato. Era la primera vez que se percataba, en público, de aquella sucesión de notas sincopadas que parecían venir del aire acondicionado y que la sacaban de concentración. Aquello le resultaba inaguantable. Intentó recordar la fecha de nacimiento de su madre, pero los incesantes ruidos la invadían. *¿Era marzo o abril?* Se hacía la pregunta, mientras reflexionaba acerca de por qué únicamente ella percibía aquellos sonidos constantes. Tratando de no llamar la atención, Teresa quiso liberarse del ruido sacudiendo y moviendo intempestivamente la cabeza, de derecha a izquierda, varias veces, pero no logró acallarlo.

Teresa no sabía si quedarse o si salir corriendo de aquel lugar que se llenó de susurros. *¿Si se quedaba, qué pasaría? ¿Y si se iba, qué consecuencias tendría?* La cárcel, tal vez, además de una multa de más de mil dólares si un oficial de tránsito la llegase a detener sin licencia. Podrían confiscarle el miniván. Y John.

En la privacidad del hogar, hacía algunos meses, una Teresa inquieta se alisaba el pelo largo varias veces antes de pararse de la mesa, a medida en que el masticado de sus hijos se volvía insoportable. Parecía el mordisqueo de pequeños gorriones, emitiendo grotescos quiebros con sus picos, lo que ella repudiaba. Anhelaba todavía la nitidez de sus oídos infantiles, cuando el escándalo del área de juegos la reconfortaba, pero Teresa tenía ahora treinta y cinco, casada, con tres hijos. Aquella cosa extraña, parecía haberse desencadenado, incómodamente, en el DMV. Estando adentro de su casa, percibía los graznidos de afuera por las paredes y ventanas. El arrullo de las palomas, que en algún tiempo le parecía tranquilizante, se volvió esos graznidos, insoportables, de cuervos que revoloteaban en círculo a donde ella iba —al baño, a la sala, a la recámara, a la cocina.

Several times Teresa had worn earplugs at the dinner table, where the family ate together but separated by an invisible glass window between them. At least, she could see their little faces which swooned her with joy. But recently, John and the children's chewing electrocuted her senses. She hadn't told anyone but John. He shrugged it off, saying it was an exaggeration. "Just tune it out, Honey," he'd suggest.

In Teresa's day-to-day life, she worked, cleaned, and tended her children, except when the uninvited sounds invaded her mind, which seemed to appear more frequently. *What could she do?* Perhaps, the sounds had always been there, but for whatever reason, Teresa hadn't noticed them before. Something had happened to her. *But what?*

What would people say if they found out?

She looked up at the screen, 122B. While sitting in a mustard yellow chair, Teresa heard a woman's robotic voice escape the loudspeaker, "Now serving 75C at Window 7," and the unwanted noise running together. And then unexpectedly, from a young girl, who sat next to her immediate right, Teresa heard the annoying snapping of gum. Teresa, of course, could not tell the girl to stop; there were no signs at the DMV that read: "Chewing gum is not allowed." So, Teresa picked herself up and quickly moved thirteen rows away and wished she had earplugs, but those were at home in the kitchen on the countertop.

In her new seat, Teresa could still hear the air conditioner's malfunction, but at least she could no longer hear the loud snapping of bubble gum and thick saliva. How did it come to this? Why hadn't she noticed it before? She didn't know what to do. 127B. Five numbers away. Teresa wanted to desperately run out to the sanctity of her vehicle.

Straight-faced at the DMV renewing her driver's license, Teresa looked fine. There was a bit of tremor in her eyes, but nobody knew. Nobody suspected the noise—only she could hear—was eating at her.

Muchas veces Teresa optó por ponerse audífonos a la hora de cenar, ahí donde la familia comía junta, pero como si invisibles cristales separándolos a unos de otros. Por lo menos podía ver sus caritas que la hacían desfallecer de alegría. Pero, recientemente, John y los niños, parecían electrizar sus sentidos al masticar. Eso no se lo había dicho a nadie sino a John, quien se encogió de hombros argumentando que lo de ella era una exageración. —Desconéctate, —Cariño, le sugirió.

El día a día para Teresa era trabajar, limpiar, atender a los niños, excepto cuando aquellos desagradables sonidos se apoderaban de su mente, lo que ocurría cada vez con mayor frecuencia. ¿Qué podría hacer? Acaso los ruidos habían estado ahí siempre, pero, por alguna razón, Teresa no los había notado antes. Algo sucedía ahora. ¿Pero qué?

¿Qué dirían los demás si se enteraran?

Volvió a mirar a la pantalla, 122B. Todavía sentada en aquella silla amarillo mostaza, Teresa escuchó una voz robótica de mujer escapar del magnavoz, —Número 75C a la ventanilla 7, —y el ruido persistente seguía. Entonces, desprevenida, Teresa escuchó de la niña que estaba junto a ella, a su derecha, el desagradable tronido de un chicle. Claro que Teresa no le pidió a la niña que parara; ahí no había letreros del DMV: —Prohibido mascar chicle. —De modo que se sobrepuso y se colocó unas trece hileras más allá. Debió llevar audífonos, pero los había dejado en la cocina de casa sobre el mostrador.

Ya en su nuevo asiento, Teresa podía escuchar las fallas del aire acondicionado. Por lo menos ya no le llegaba el tronido fuerte del chicle chasqueando la saliva. ¿Cómo había llegado a esto? ¿Por qué no se había dado cuenta antes? No sabía qué hacer. 127B. Le faltaban cinco números. Teresa quería desesperadamente salirse, refugiarse en la serenidad de su vehículo.

Con la cara larga en el DMV, el día en que renovaba su licencia de conducir, Teresa se veía bien. Había un poco de nerviosismo en sus ojos, pero nadie lo había notado. Nadie hubiese, tampoco, sospechado que el ruido —ese que solo ella percibía —la estaba consumiendo.

The first words came out unequivocally and impulsively. "Fuck this place!" She didn't make it past the black tape as she attempted to reach for the front desk, where her right arm waved her application frantically. "I need my fuckin driver's license today!" Teresa yelled not recognizing herself. "Fix your damn air conditioner!" she added desperately.

Startled and confused, people sitting close to her gave Teresa a pitiful look condemning her public misconduct. Running towards her, a tall, stocky security guard grasped her right arm tight and dragged her outside, where Teresa's screams sounded like caws. The birds inside had finally broken free. The security flung her small-framed body through the double glass doors, where Teresa would no longer disturb the peace. About five-hundred feet away, distinct sirens and flashing red, white, and blue lights approached the scene. In the parking lot, standing on Teresa's head and shoulders, owls, crows, and sparrows screeched at passersby.

Las primeras palabras en salir fueron, inequívoca e impulsivamente, —¡A la chingada con este lugar! —No pudo ir más allá de la cinta negra que le impidió llegar al mostrador de la recepción, al tiempo en que les mostraba su solicitud, impaciente. —¡Necesito mi licencia hoy mismo!, —gritaba Teresa, irreconocible aún para ella misma. —¡A ver si arreglan este maldito aire acondicionado! —agregó frenética.

Entre sorprendida y confusa, la gente que estaba sentada cerca de ella miró a Teresa con pena, aunque condenando su desplante público. Y corrió hacia ella un guardia de seguridad, alto y rollizo, que la tomó por el costado derecho, con firmeza, hasta llevarla afuera. Teresa emitía gritos que parecían graznidos. Los pájaros que la habitaban se veían libres, de pronto. El guardia lanzó su cuerpo pequeño por las puertas de cristal, para que Teresa no pudiera continuar perturbando la paz. Y a eso de unos quinientos pies de distancia aparecieron las sirenas y las torretas en rojo, blanco y azul de las patrullas que se acercaban al lugar. En el estacionamiento, Teresa estaba de pie, mientras búhos, cuervos y gorriones chillaban en dirección de quienes pasaban por ahí.

Traducción por la Dra. María Dolores Bolívar

Teresa y los Pájaros Inside

Sentada uncomfortably at the DMV, Teresa looked around para ver si alguien más could hear the noise above her, pero strangers filling out papeleo, esperando for their turn, y sentados next to her, seguían en lo suyo. Aferrada a su clipboard, Teresa escuchó el sound hovering over her cabeza como unannounced tecolote screeches coming at her. Estaba sorprendida because tecolotes hooted por la noche y no en broad daylight. Ya casi cerraban—one hour before, Teresa tendría su last opportunity para renovar her desperately needed licencia para manejar which would expire ese mismísimo day. Teresa le preguntó al red-whiskered man con chaleco negro de piel sentado a su lado, "Disculpe, Señor. Do you hear that?"

"Hear what?" preguntó el stranger.

"El sound ese," contestó Teresa, apuntando hacia arriba con su index finger.

"Qué sound?"

Teresa le pregunta al señor, "No escucha ese sound?" as she looked up—sin poder identificar where exactly el ruido was coming from. El Señor shook his head. En aquel undecorated room, nadie seemed to be bothered por los ruidos that only Teresa was hearing. Con sus ears exposed al mundo and fidgeting en su silla, Teresa filled in her name en el papeleo. Where she was writing su primer nombre, lo tachó several times con tinta negra to print her apellido, Carrión. Slowing down para asegurar de no volver hacer careless mistakes, she wrote Teresa in bold letras. Above her, the commotion no la dejaba en paz y Teresa quiso enfocarse on the noise above her and block ese ruidajo that was making her cabeza pelotas.

Noticing her impaciencia, el señor glanced a su ticket, 132B. "No está tan bad," affirmed the stranger mientras se levantaba de su seat and walked away. Wide-eyed, asintió quietly con su cabeza without peeping any palabra.

Cuando vio que la pantalla de la TV screen apenas anunciaba el 115B, Teresa se dio cuenta that it would be súper importante for her de tener que aguantar más tiempo. Fue la first-time que hizo notice esto publicly, the mechanical

syncopated ruido que parecía venir del air conditioner which kept
interrupting su concentración. El ruido was unbearable. Trató de
hacer remember el date of birth de su madre mientras los sounds
entered su mente incessantly. *March o Abril?* Teresa questioned
herself mientras reflexionaba why only ella percibía ese
disturbing-enfadoso noise. Trying de no llamar attention to
herself, Teresa intentó hacer shake ese noise off with quick
sudden jerks, moviendo la cabeza from right to left varias veces.
Pero no lograba hacer shut out el noise.

En ese room tan ruidoso, Teresa no sabía if she could
stay o si mejor debería salir corriendo del building. *Qué pasaría if
she stayed?* And if she left, pudiera haber consequences muy serias.
Jail time tal vez, y a multa de more than $1,000 bolas if a chota
were to detenerla without a driver's licence. Su minivan towed al
corralón. Y John.

Unos months atrás, en la privacy de su casa, an inquieta
Teresa straightened out su greña larga varias veces antes de
pararse de la dinner table cuando el masticado de sus hijos had
become insoportable. El mordisqueo from their little sparrow
bocas soltaban sonidos asquerosos that repudiated her. Anhelaba
poder tener aquellos childhood ears when playground
escandalosos la recorfontaban, pero Teresa was now thirty-five y
casada con tres chamacos. Whatever she was feeling se había
desencadenado en el peor momento at the DMV. En casa, the
caws from afar entraban a su recamara por las vententas y
paredes. Lo que antes sonaba como el cooing of doves soothing
her ahora sonaba a graznidos insoportables de cuervos circling in
on her, siguiéndola wherever she went—al baño, al living room,
a la bedroom, y a la kitchen.

Varias veces, Teresa had worn earplugs a la hora de cenar,
where la family ate together pero separados with an invisible
ventana de vidrio between them. Por lo menos, she could see sus
caritas which swooned her con alegría. Pero, recientemente, John
and the chamacos' chewing, electrocutaban sus sentidos. She
hadn't told anyone sino al pinche John. He shrugged it off,
dieciendole que exageraba.

En el day-to-day life de Teresa, she worked, limpiaba, y
atendía a sus children, excepto cuando los uninvited sounds

invadían sumente, cosa que ocurría more and more frequently. *What could she do?* Tal vez, los ruidos had always been there, pero por whatever reason, Teresa hadn't noticed en el past-atrás. Something le pasó. *But what?*

Que diría la gente if they found out?

Volvió a mirar a la TV screen, 122B. While sitting en una mustard yellow chair, Teresa heard a voz robótica de mujer escape the loudspeaker, "Now serving 75C a la Ventanilla 7," and the unwanted ruido seguía fregando y fregando. Entonces, unexpectedly, Teresa escuchó from a young chamaca who sat a su derecha, the annoying snapping of chicle. Claro que Teresa could not tell la muchachita to stop; there were no letreros en el DMV that read: "Chewing chicle is not permitido." So Teresa picked herself up y se sentó unas thirteen rows away. Debió haber llevado earplugs, pero los había dejado on the kitchen countertop.

Ya en su nuevo seat, Teresa could still hear las fallas del aire acondicionado, but at least ya no le llegaba el tronido fuerte de chicle and thick saliva. How did it come to this? Por qué no se había dado cuenta antes? She didn't know what to do. 127B. Le faltaban five numbers. Teresa wanted to desperately run out y escaparse un ratillo en la sanctity of her carro.

Straight-faced en el DMV renewing su licencia de conducir, Teresa se miraba fine. Había un poco de miedo in her eyes, pero nobody knew. Nobody suspected the noise—el ruido que solo ella escuchaba—was eating at her.

Las primeras palabras came out unequivocally and impulsively. "A la chingada with this pinche place!" No pudo ir past the black tape que le impidió llegar hasta el front desk, donde su right arm waved su aplicación frantically. "Ocupo mi chingada driver's licence hoy!" gritaba Teresa, not recognizing herself. "Fix your pinche air conditioner!" agregó desperately.

Startled and confused, la gente sitting cerca de ella gave Teresa a ya ni la friegas look condenando su public misconducta. Running towards her, un guardia de seguridad, tall and stocky, grasped her right brazo tight y la jaloneó hasta llevarla afuera. Teresa's screams sonaban como graznidos. Los pájaros inside had finally broken free. El guardia flung her small-framed body por las cristal doors, where Teresa could no longer disturb la paz. A eso de unos five-hundred feet away, distinct sirens and flashing red, white, and blue luces de patrullas approached el scene. En el parking lot, standing on Teresa's shoulders, tecolotes, cuervos, and sparrows screeched a la gente passing by.

Spanglish translation por Francisco J. Bustos

ABOUT THE AUTHOR

Sonia Gutiérrez is the recipient of the Tomás Rivera Book Award 2021, the International Latino Book Awards 2022 and 2023, including the Book into Movie Award for her novel, *Dreaming with Mariposas* (FlowerSong Press, 2020). Sonia Gutiérrez is also the author of *Spider Woman / La Mujer Araña* (Olmeca Press, 2013) and the coeditor of *The Writer's Response* (Cengage Learning, 2016). She teaches English composition, critical thinking and writing, and creative writing. Presently, she is working on her first illustrated book, *The Adventures of a Burrito Flying Saucer*, and her poetry collection, *Sana Sana Colita de Rana: Poems to Not Perish*. She lives in the Californias. To learn more about Sonia Gutiérrez and her work, visit *www.soniagutierrez.com*.

ACERCA DE LA AUTORA

Sonia Gutiérrez recibió los premios, Tomás Rivera Book Award 2021 y el International Latino Book Awards 2022 y 2023, incluyendo el Book into Movie Award por su novela *Dreaming with Mariposas* (FlowerSong Press, 2020). Sonia Gutiérrez también es la autora de *Spider Woman / La Mujer Araña* (Olmeca Press, 2013) y coeditora de *The Writer's Response* (Cengage Learning, 2016). Enseña composición inglesa, pensamiento crítico y creación literaria. Actualmente, está trabajando en su primer libro ilustrado, *Las aventuras de un burrito platillo volador*, y en su colección de poesía, *Sana sana colita de rana: Poemas para no morir*. Vive en las Californias. Para obtener más información sobre Sonia Gutiérrez y su trabajo, visite *www.soniagutierrez.com*.

About The Translators

María Dolores Bolívar earned a doctoral degree from the University of California, San Diego (UCSD) in Literature and Cultural Studies. Bolívar is a book artist, transborder freelance journalist, and lexicographer. She currently teaches Translation Studies at San Diego State University (SDSU). Her recent publications include a book of poetry, *Río, para después el mar* (*Flow, Out to Sea*) and a short story collection, *Mudanzas, empacar lo que no esté roto* (*Moves, Pack What Isn't Broken*). She contributed to José Mario Martín Flores and José Salvador Ruiz's *Testigos de ausencias: Cuentos y relatos de escritores de la diáspora mexicana.* Bolívar's publications include the following books: *Calaveras en rima: Elegías mexicanas desde el exilio, Zacatecas polvo y luz, Ciudad que se me escapa, De espaldas al mar, Éxodos de ida y vuelta,* and *La palabra (H)era,* first-place winner of the Chicano/Latino Literary Awards in 1989 at the University of California, Irvine (UCI).

Francisco J. Bustos is a poet, translator, and musician. In 2009, he founded a poetry/music group, Frontera Drum Fusion, which fused acoustic, electric, and digital music with bilingual poetry in English, Spanish, Spanglish, and Ingleñol. Francisco J. Bustos is also a professor at Southwestern College and poet-translator of the *San Diego Poetry Annual.* In 2020, he founded Radio San Ysidro Mulmenyah (RSYM), an online musical platform of poetry and music, where poets and the borderlands community meet weekly via Zoom to write poetry a la brava with the sound of a healing drum playing in the background. His RSYM project also produces live performances on both sides of the borderlands.

Violeta Orozco is an internationally renowned Latina author from Mexico City. She is the author of three books in English. A bilingual poet, performer, and fiction writer, she has earned an Academy of American Poets honorific mention, as well as the International Latino Book Award for *The Broken Woman Diaries* and a pushcart nomination for *Stillness in the Land of Speed.* Violeta Orozco is the translator of *Dreaming with Mariposas.*

Acerca de Los Traductores

María Dolores Bolívar tiene un doctorado en Literatura y Estudios Culturales por Universidad de California, San Diego (UCSD). Bolívar es artesana de libros, periodista transfronteriza independiente, y lexicógrafa. Actualmente imparte clases de Estudios de Traducción en San Diego State University (SDSU). Sus publicaciones recientes incluyen un poemario, *Río, para después el mar* y una colección de cuentos, *Mudanzas, empacar lo que no esté roto*. Participó en *Testigos de ausencias: Cuentos y relatos de escritores de la diáspora mexicana* de José Mario Martín Flores y José Salvador Ruiz. Las publicaciones de Bolívar incluyen los siguientes libros: *Calaveras en rima: Elegías mexicanas desde el exilio, Zacatecas polvo y luz, Ciudad que se me escapa, De espaldas al mar, Éxodos de ida y vuelta* y *La palabra (H)era*, ganador del primer lugar del Chicano/Latino Literary Awards en 1989 de University of California, Irvine (UCI).

Francisco J. Bustos es un poeta, traductor y músico. En 2009, fundó un grupo de poesía/música llamado Frontera Drum Fusion, que fusionaba música acústica, eléctrica y digital con poesía bilingüe en inglés, español, spanglish e ingleñol. Francisco J. Bustos también es profesor en Southwestern College y poeta-traductor del *San Diego Poetry Annual*. En 2020, fundó Radio San Ysidro Mulmenyah (RSYM), una plataforma musical en línea de poesía y música, donde poetas y la comunidad fronteriza se reúnen semanalmente a través de Zoom para escribir poesía a la brava con el sonido de un tambor de sanación de fondo. Su proyecto RSYM también produce actuaciones en vivo en ambos lados de la frontera.

Violeta Orozco es una escritora bilingüe, traductora y autora de tres libros en lengua inglesa. Ella ha ganado la mención honorífica de la Academia de Poetas Americanos y el International Latino Book Award por su libro *The Broken Woman Diaries*, además de la nominación Pushcart por su segundo libro de poesía *Stillness in the Land of Speed*. Violeta Orozco es la traductora de *Dreaming with Mariposas* al español.

NOTES ON THE POEMS AND SHORT STORY

I.

Feather by feather: The words, "feather by feather," from the title of the book and title poem appear in Miguel Hernández's poem, "Onion Lullabies."

Legacy and Cosmos: Poet Alberto Paz from Tijuana, Baja California, comments on a Poets Responding to SB 1070 Facebook note that the poem "Legacy" / "Herencia" reminds him of María Sabina. Sonia Gutiérrez models "Cosmos" after María Sabina, the shaman poet from Huautla de Jiménez, Oaxaca, México.

Canvas 40" x 30": Mexican poet Amaranta Caballero Prado's poetry inspires Sonia Gutiérrez's poem, "Canvas 40" x 30. ""

The Poetics of Fronds: Sonia Gutiérrez writes her first poem, "The Poetic of Fronds," for Ricardo Enríquez "Richard." Gutiérrez discovers she does not have money to buy her friend a gift, but she has words. The poet writes the poem, buys a wooden frame at Pic 'N' Save, and purchases matching paper at Kinko's. She then gives the framed poem as a birthday gift to her beloved friend. The following year in celebration of Mother's Day and Father's Day the young poet repeats this same creative process to craft and gift poems to her beloved parents, by channeling her imagination.

The Place of Alebrijes: The artist Sergio Vásquez inspires "The Place of Alebrijes." In 2014, the Centro Cultural de la Raza in San Diego, California, exhibits Sergio Vásquez: Portraitures and Alebrijes, organized by Sonia Gutiérrez and curated by Rogelio Casas—members of the Centro Cultural de la Raza's Arts Advisory Committee. The exhibit depicts alebrijes and a tribute to homeboys.

Giver of Poems: The poem "Giver of Poems" is written for Sonia Gutiérrez's Chicano role model and her Literary Saint, Francisco X. Alarcón (1954–2016).

II.

Grandchildren of the United Fruit Company: Sonia Gutiérrez writes the poem, "Children of the United Fruit Company," for her Goddaughter, Claudia González.

Strange Bird: The poet writes "Strange Bird" in response to D.R.'s racist rhetoric. He spews, "I'm here to shoot black people," on June 17, 2015 at the Emanuel African Methodist Episcopal Church "Mother Emanuel," founded in Charleston, South Carolina.

Word Problem: Sonia Gutiérrez models "Word Problem" after poet Olga Gutiérrez Galindo's mathematical themes.

Bones Speak: Sonia Gutiérrez models the poem, "Bones Speak," after the poet Francisco X. Alarcón's multicolumn poems. He shares with his fellow poet that these columns are like copal smoke signals.

III.

Súper Pancho from the Land of Maíz: "Súper Pancho from the Land of Maíz" is Sonia Gutiérrez's counter-narrative poem written in response to D.T.'s presidential announcement speech: "When Mexico sends its people, they're not sending their best. They're sending people that have lots of problems. They're bringing drugs. They're bringing crime. They're rapists, and some, I assume, are good people," (*Time Magazine*) on June 16, 2015, at the Trump Tower in New York, New York.

Teresa and the Birds Inside: Charlotte Perkins Gilman's short story, "The Yellow Wallpaper," a 2016 fatal incident where El Cajon police shoot and kill Alfred Olango, a Ugandan refugee, after his sister calls 911 for help, and a protest that the poet joins in San Diego, California, which blocks Interstate 5 to condemn police brutality, inspire Sonia Gutiérrez to write "Teresa and the Birds Inside."

APUNTES SOBRE LOS POEMAS Y EL CUENTO

I.

Herencia y Cosmos: El poeta Alberto Paz de Tijuana, Baja California, escribió en una nota de Poets Responding to SB 1070[5] de Facebook que el poema "Legacy" / "Herencia" le recuerda a María Sabina. "Cosmos" está escrito al estilo de la shamana poeta, María Sabina, de Huautla de Jiménez, Oaxaca, México.

La poética de las frondas: Sonia Gutiérrez escribe su primer poema, "La Poética de las Frondas", para Ricardo Enríquez "Richard". Gutiérrez descubre que no tiene dinero para comprarle un regalo, pero tiene palabras. La poeta escribe el poema, compra un marco de madera en Pic 'N' Save, y adquiere papel a juego en Kinko's. Luego le obsequia el poema enmarcado como regalo de cumpleaños a su querido amigo. El siguiente año, para celebrar el Día de las Madres y el Día de los Padres, la joven poeta repite este mismo proceso creativo para crear y regalar poemas a su querida madre y querido padre, canalizando su imaginación.

Lienzo 40" x 30": El poema "Lienzo 40" x 30"" está escrito al estilo de la poeta Amaranta Caballero Prado.

El Lugar de los Alebrijes: El poema "El Lugar de los Alebrijes" está inspirado y escrito para el artista Sergio Vásquez. En 2014, el Centro Cultural de la Raza en San Diego, California, expuso la obra de Sergio Vásquez: Retratos y Alebrijes, organizado por Sonia Gutiérrez y montado por Rogelio Casas —miembros del Arts Advisory Committee[6] del Centro Cultural de la Raza. La exposición de la obra de Sergio Vásquez presentó a alebrijes y un tributo a cholos.

---

[5] Poetas Respondiendo a SB 1070

[6] Comité Asesor para las Artes

Dador de poemas: "Dador de Poemas" está escrito para su modelo a seguir chicano y Santo Literario Francisco X. Alarcón (1954–2016).

II.

Nietos de la United Fruit Company: "Nietos de la United Fruit Company" es para mi ahijadita, Claudia González.

Pájaro raro: "Pájaro raro" está escrito en respuesta a la retórica racista que arrojó D.R.. Él vomita, "Estoy aquí para dispararle a gente negra", el 17 de junio de 2015 en la Emanuel African Methodist Episcopal Church[7] "Madre Emanuel" en Charleston, Carolina del Sur.

Problema verbal: "Problema verbal" está escrito al estilo de la temática matemática de la poeta Olga Gutiérrez Galindo.

Los huesos hablan: "Los huesos hablan" está escrito al estilo de los poemas de multicolumnas del poeta Francisco X. Alarcón. Él le contó a la poeta que estas columnas eran como señales de humo de copal.

III.

Súper Pancho de la Tierra del Maíz: "Súper Pancho de la Tierra del Maíz" es un poema contra-narrativa escrito en respuesta al discurso de anuncio presidencial de D.T.: "Cuando México envía a su gente, no están enviando a los mejores. Están enviando personas que tienen muchos problemas. Están trayendo drogas. Están trayendo crimen. Son violadores, y supongo que también hay buenas personas"[8] (*Time Magazine*) el 16 de junio de 2015 en el Trump Tower en Nueva York, Nueva York.

---

[7] Iglesia Emanuel Africana Metodista Episcopal

[8] Traducción al español por Sonia Gutiérrez.

Teresa y los pájaros que la habitan: El cuento de Charlotte Perkins Gilman, "El papel de pared amarillo", el fatal incidente del 2016 donde la policía de El Cajón dispara y mata a Alfred Olango, un refugiado ugandés, después que su hermana llamara al 911 por ayuda, y una protesta para condenar la brutalidad policial a la cual la poeta se une para bloquear la autopista Interstate 5 inspiran a Sonia Gutiérrez a escribir, "Teresa y los pájaros que la habitan".

Publication Credits / Publicaciones

Earlier versions of these poems and/or the short story appeared in my master's thesis at California State University San Marcos, journals, radio waves, magazines, online literary platforms, and/or anthologies / Versiones anteriores de estos poemas y/o el cuento aparecieron en mi tesis de maestría en California State University San Marcos, revistas, la radio, plataformas en línea y/o antologías:

Abriendo Puertas Magazine
AlternaCtive PubliCactions
Carpeta de Arte y Poesía de La Esmeralda (III Encuentro de Cultura Chicana, Ciudad de México, 2023)
Central Coast Poetry Shows
Con Tinta, Peregrinos y sus Letras
FRONTERA-ESQUINA
HumanizePalestine.com
KPFA Radio
Konch Magazine
La Bloga's "On-line Floricanto"
La Bloga's On-line Floricanto "Best Poems of 2012"
La Bloga's On-line Floricanto "2017 Best Poems"
La Bloga's "People, Places and Poetry"
Libro Emma Gunst
Lit Stack
London Journal of Fiction
Love and Prayers for Fukushima
Nueva York Poetry Review
Palabra: Suplemento Cultural
Poetry in Flight / Poesía en vuelo: Anthology in Celebration of El Tecolote
Poetry of Resistance: Voices for Social Justice
Poet's Café KPFK 90.7 Los Angeles
Radio Mando
Raza Rezos Para Gaza: A Poetry Ofrenda for the People of Palestine
Revista Ombligo

Revista Umbiga
SanDiegoFreePress.org
San Diego Poetry Annual 2009-10
San Diego Poetry Annual 2013-14
San Diego Poetry Annual 2014-15
San Diego Poetry Annual 2015-16
San Diego Poetry Annual 2017-18
Silver Birch Press: New Voices in Fiction Nonfiction, Plays & Poetry
Somos Xicanas Anthology
Soñadores: We Came to Dream
Taller de Traducción: La Torre de Babel 2014
Tijuana Poética
Tres en suma's La N° 16
Programa de Radio de Acanto y Laurel de UABC Radio de la Universidad Autónoma de Baja California
Wanda's Picks Radio Show
Wednesday Night Poetry
Yay! LA: Arts & Culture Magazine

ACKNOWLEDGMENTS

My gratitude goes to my children, Quetzal and Paulina Xitlalli Mendoza, for teaching me how to be a poet mother. To my mother and father, Estela and Francisco Gutiérrez, who will always be my guiding light—mi herencia. To my sister, Mireya, and my brothers, Francisco and Gastón—may our descendants inherit the poetics of our imagination. To Paulino A. Mendoza, thank you for being a living dictionary. To Ricardo Enríquez "Rich," thank you for awakening the poet in me.

My humble thank you to Dr. Manuel Martín-Rodríguez for reading, *Paper Birds: Feather by Feather / Pájaros de papel: Pluma por pluma*, originally Legacy / Herencia. Miguel Alfredo Xicomoztoc Cid, thank you for reading the collection. Thank you to Dr. Brent Gowen for introducing me to Octavio Paz and Federico García Lorca in English 105: Introduction to Literature at Palomar College and for reading *Paper Birds: Feather by Feather / Pájaros de papel: Pluma por pluma* right before the book would spread their wings and take flight. Thank you so much to Sue Niyazi McDevitt, Lucía López Martínez "Lucy," Adriana Martínez-Chávez, Elvia Cisneros, and Maggie Ramos for being unas súper lectoras.

To all the publishing homes where my poems found a casita, especially Michael Sedano's *La Bloga*'s "On-line Floricanto" and Bill Harding's *San Diego Poetry Annual*, thank you for your hospitality.

Mil gracias to all the places where I read poems from *Paper Birds: Feather by Feather / Pájaros de papel: Pluma por pluma*, including California State University San Marcos, San Diego City College, Southwestern College, Centro Cultural Tijuana, Instituto de Cultura de Baja California, the Mexican American Cultural Center, the Museum of the Living Artist, Consulado General de México en Los Ángeles, Tía Chucha's Centro Cultural & Bookstore, The Cheech: Cheech Marin Center for Chicano Art & Culture of the Riverside Art Museum, The Barbara and Art Culver Center for the Arts, Ruskin Group Theatre Co., La Esmeralda, and the Escuela

Nacional de Antropología e Historia (ENAH), among other places.

My deepest gratitude to my poet and writer comrades, Francisco X. Alarcón R.I.P., Dr. Teresa González-Lee R.I.P., Dr. Kim McMillon, Jim Moreno, Odilia Galván Rodríguez, Gina Di Grazia, Leiana San Agustin Naholowa'a, Olga García Gutiérrez, ire'ne lara silva, Dr. José H. Cadena, Dr. María Dolores Bolívar, Roberto Castillo Udiarte, Betty Sánchez, Francisco J. Bustos, Aida Méndez, Dr. Abbie Cory, and Dr. Angélica Yañez for your words regarding one or two of these paper birds. To the artists—Sergio Vásquez and Mark Doox—thank you for your artistic spirit and Dr. Carmen Martínez-Calderón for your support. Thank you so much to the cholos de L.A. Papa—Mando, Benito, Louis, and Ramon—for feeding this hungry poet the most delicious tacos de papa de Rosarito, Baja California. David Alfonso López Islas "Tezkayolohtli," thank you so much for your light and for introducing me to our ancestral sounds. Thank you to la Dr. Viviana Correa Pérez, my cousin, and her beloved Eduardo Cortés Islas for being part of the last footnote for *Paper Birds: Feather by Feather / Pájaros de papel: Pluma por pluma* in Tenochtitlán. And lastly, thank you to Matt Sedillo and David A. Romero for El Martillo Press, your invaluable friendship, and for giving this little bird freedom wings.

RECONOCIMIENTOS

Mi agradecimiento a mis hijes, Quetzal y Paulina Xitlalli Mendoza, por enseñarme cómo ser una madre poeta. A mi amá y apá, Estela y Francisco Gutiérrez, quienes siempre serán mi luz de guía —mi herencia. A mi hermana, Mireya, y a mis hermanos, Francisco y Gastón —que nuestros descendientes hereden la poética de nuestra imaginación. A Paulino A. Mendoza, gracias, por ser un diccionario vivo. A Ricardo Enríquez "Rich" gracias por despertar a la poeta en mí.

Mi humilde agradecimiento al Dr. Manuel Martín-Rodríguez por leer *Paper Birds: Feather by Feather / Pájaros de papel: Pluma por pluma*, originalmente Legacy / Herencia. Miguel Alfredo Xicomoztoc Cid, gracias por tu lectura de la colección. Gracias al Dr. Brent Gowen por introducirme a Octavio Paz y Federico García Lorca en English 105: Introduction to Literature[9] en Palomar College y por leer *Paper Birds: Feather by Feather / Pájaros de papel: Pluma por pluma* antes de que el libro abriera sus alas y tomara vuelo. Muchísimas gracias a Sue Niyazi McDevitt, Lucía López Martínez "Lucy", Adriana Martínez-Chávez, Elvia Cisneros, y Maggie Ramos, por ser unas súper lectoras.

A todas las plataformas editoriales donde mis poemas encontraron su casita, particularmente el "On-line Floricanto" de *La Bloga* de Michael Sedano y el *San Diego Poetry Annual* de Bill Harding, gracias por su hospitalidad.

Mil gracias a todos los lugares en donde leí poemas de *Paper Birds: Feather by Feather / Pájaros de papel: Pluma por pluma*, incluyendo California State University San Marcos, San Diego City College, Southwestern College, Centro Cultural Tijuana, Instituto de Cultura de Baja California, Mexican American Cultural Center, Consulado General de México en Los Ángeles, Tía Chucha's Centro Cultural & Bookstore, el Museum of the Living Artist, The Cheech: Cheech Marin Center for Chicano Art & Culture of the

---

[9] Inglés 105: Introducción a Literatura

Riverside Art Museum, el Barbara and Art Culver Center for the Arts, Ruskin Group Theatre Co., La Esmeralda, y la Escuela Nacional de Antropología e Historia (ENAH), entre otros lugares.

Mi agradecimiento profundo a mis camaradas poetas y escritores, Francisco X. Alarcón D.E.P., Dra. Teresa González-Lee D.E.P., Dra. Kim McMillon, Jim Moreno, Odilia Galván Rodríguez, Gina Di Grazia, Leiana San Agustin Naholowa'a, Olga García Gutiérrez, ire'ne lara silva, Dr. José H. Cadena, Dra. María Dolores Bolívar, Roberto Castillo Udiarte, Betty Sánchez, Francisco J. Bustos, Aida Méndez, Dra. Abbie Cory, y a la Dra. Angélica Yañez por sus palabras acerca de uno o dos de estos pájaros de papel. A los artistas —Sergio Vásquez y Mark Doox— gracias por su espíritu artístico y a la Dra. Carmen Martínez-Calderón por su apoyo. Muchas gracias a los cholos de L.A. Papa —Mando, Benito, Louis, y Ramon— por alimentar a esta poeta hambrienta con los tacos de papa más deliciosos de Rosarito, Baja California. David Alfonso López Islas "Tezkayolohtli," múchisimas gracias por tu luz y por introducirme a nuestros sonidos ancestrales. Gracias a la Dra. Viviana Correa Pérez, mi prima, y a su querido Eduardo Cortés Islas por formar parte de la última nota a pie de página de *Paper Birds: Feather by Feather / Pájaros de papel: Pluma por pluma* en Tenochtitlán. Y, por último, gracias a Matt Sedillo y David A. Romero por El Martillo Press, su amistad invaluable, y por darle a este pajarito alas de libertad.

Paper Birds: Feather by Feather
Pájaros de papel: Pluma por pluma

This discussion guide for *Paper Birds: Feather by Feather / Pájaros de papel: Pluma por pluma* includes discussion questions intended to enhance your book club and/or whole-class discussions. El Martillo Press aims for these ideas to enrich your dialogical engagement and appreciation of the book.

DISCUSSION GUIDE

1. Reflect on the book's cover art. How does the young artist Quetzalli Mendoza's artwork allow you to reflect on the collection's content?

2. What is the significance of the author's title, *Paper Birds: Feather by Feather / Pájaros de papel: Pluma por pluma*?

3. Identify several persistent themes in Sonia Gutiérrez's poetry. What pressing issues does the book present that encourage the reader to think critically about social-political issues?

4. What rhetorical strategies does Sonia Gutiérrez employ in *Paper Birds: Feather by Feather / Pájaros de papel: Pluma por pluma*, and what effect do these literary devices have on the reader?

5. Refer to the bilingual poems, "Legacy" / "Herencia" and "Cosmos" / "Cosmos," paying close attention to the poet's use of repetition, metaphors, imagery, and similes. Write your own *I am* poem following a Gutierrezesque literary style.

6. Reflect on the poet's use of personification, specifically in the following poems: "Testimony of a Tree"/"Testimonio de un árbol" and "Days of Thunder"/"Días de

estruendo." What do the speakers of these poems allow the reader to reflect about Nature?

7. Gutiérrez writes poetry through a social justice lens. How does reading Sonia Gutiérrez's counter-narrative poem, "Eulogy to Súper Pancho from the Land of Maíz" / "Elogio a Súper Pancho de la Tierra del Maíz" / "Eulogy for Súper Pancho de la Tierra del Maíz," allow you to think critically about racism, specifically about being an ally, an antiracist, and/or an upstander?

8. Gutiérrez also writes poetry through an ecofeminist lens, specifically in her poems, "They Say" / "Dicen" and "The Colors of Death" / "Los colores de la muerte." How does reading Sonia Gutiérrez's poems allow you to reflect on the environment, specifically as the planet faces an ecocide: the destruction of the Earth by human beings?

9. Contemporary artists inspire the work of Sonia Gutiérrez. In the collection, you will find two ekphrastic poems, "vivid description of a scene or, more commonly, a work of art," (*Poetry Foundation*) inspired by the artist Sergio Vásquez's exhibit at the Centro Cultural de la Raza. Similar to the poet's "The Place of Alebrijes" / "El Lugar de los Alebrijes," write an ekphrastic poem about a work of art in your room, or visit an exhibit and craft a poem about a painting you admire.

10. Poets are known for inventing words. In this bilingual poetry collection, the poet writes, "bulletmachines" and "maquibalas" in "Testimony of a Tree" / "Testimonio de un árbol." The speaker of the poem narrates:

Nobody asked us
if we preferred living away
from the bulletmachines

that rang our ears all day

. . .

Nadie nos preguntó
si preferíamos vivir lejos
de las maquibalas
que zumbaban nuestros oídos todo el día.

What do the words, "bulletmachines" and "maquibalas,"
mean? Identify a social issue that must be addressed, and
invent a word that will draw the reader's attention to the
problem.

11. Several of Francisco J. Bustos's Spanglish translations
    appear in the collection, including "Poema Giver,"
    "Strange Pájaro," and "Eulogy for Súper Pancho de la
    Tierra del Maíz," among other poems. Using Bustos's
    literary style, translate a poem of your choice into
    Spanglish, or invert a poem into Ingleñol. Looking closely
    at Bustos's Spanglish translations, review both works and
    invert the language, by translating English into Spanish or
    vice versa. Use your poetic license to invent words, and
    feel free to include innovative words and/or forms of
    expression that capture the original poem's purpose.

12. The author writes poems that honor her ancestor's legacy
    and writes the poems, "Giver of Poems" / "Dador de
    poemas," to pay homage to her literary predecessor, the
    poet Francisco X. Alarcón. Do an Internet search of
    Francisco X. Alarcón's poetry. After analyzing a few of
    Alarcón's poems, answer the following question: How
    does Alarcón influence Sonia Gutiérrez's poetry?

Paper Birds: Feather by Feather
Pájaros de papel: Pluma por pluma

Esta guía de discusión para *Paper Birds: Feather by Feather / Pájaros de papel: Pluma por pluma* incluye preguntas de discusión destinadas a mejorar las discusiones de su club de lectura y/o discusiones en clase. El objetivo de El Martillo Press es enriquecer su compromiso dialógico y apreciación del libro con estas ideas.

PREGUNTAS DE DISCUSIÓN

1. Reflexiona sobre la ilustración de la portada del libro. ¿Cómo permite el arte de la joven artista, Quetzalli Mendoza, que reflexiones sobre el contenido de la colección?

2. ¿Cuál es el significado del título de la autora, *Paper Birds: Feather by Feather / Pájaros de papel: Pluma por pluma*?

3. Identifica varios temas persistentes en la poesía de Sonia Gutiérrez. ¿Qué problemas urgentes presenta el libro que animan al lector a pensar críticamente sobre cuestiones sociopolíticas?

4. ¿Qué estrategias retóricas emplea Sonia Gutiérrez en *Paper Birds: Feather by Feather / Pájaros de papel: Pluma por pluma* y qué efecto tienen estos dispositivos literarios en el lector?

5. Haciendo referencia a los poemas bilingües, "Legacy" / "Herencia" y "Cosmos" / "Cosmos", y prestando atención al uso de la repetición, metáforas, imágenes y símiles por parte de la poeta. Escribe tu propio poema *Yo soy* siguiendo el estilo literario de Gutiérrez.

6. Reflexiona sobre el uso de la personificación de Sonia Gutiérrez, específicamente en los siguentes poemas: "Testimonio de un árbol" y "Días de estruendo". ¿Qué permiten las voces poéticas de estos poemas que los lectores reflexionen sobre la Naturaleza?

7. Gutiérrez escribe poesía desde una perspectiva de justicia social. ¿Cómo te permite la poeta pensar críticamente sobre el racismo, específicamente sobre ser un aliado, un antiracista y/o un defensor al leer el poema contra-narrativa de Sonia Gutiérrez, "Eulogy to Súper Pancho from the Land of Maíz" / "Elogio a Súper Pancho de la Tierra del Maíz" / "Eulogy for Súper Pancho de la Tierra del Maíz"?

8. Gutiérrez también escribe poesía a través de un lente ecofeminista, específicamente en sus poemas, "Dicen" y "Los colores de la muerte". ¿Cómo te permite la poeta Sonia Gutiérrez reflexionar sobre el medio ambiente, especialmente cuando el planeta enfrenta un ecocidio: la destrucción de la Tierra por parte de los seres humanos?

9. Los artistas contemporáneos inspiran la obra de Sonia Gutiérrez. En la colección, encontrarás dos poemas ekfrásticos, "descripción vívida de una escena o, más comúnmente, una obra de arte"[10] (*Poetry Foundation*), inspirados por la exposición del artista Sergio Vásquez en el Centro Cultural de la Raza. Del mismo modo como en los poemas, "The Place of Alebrijes" / "El Lugar de los Alebrijes", escribe un poema ekfrástico sobre una obra de arte en tu habitación, o visita una exposición y elabora un poema sobre una pintura que admires.

10. Los poetas son conocidos por inventar palabras. En esta colección, la poeta escribe "bulletmachines" y "maquibalas"

---

[10] Traducción al español por Sonia Gutiérrez.

en su poema bilingüe, "Testimony of a Tree" / "Testimonio de un árbol". La voz poética del poema narra:

Nobody asked us
if we preferred living away
from the bullet machines
that rang our ears all day

. . .

Nadie nos preguntó
si preferíamos vivir lejos
de las maquibalas
que zumbaban nuestros oídos todo el día.

¿Qué significan las palabras, "bulletmachines" y "maquibalas"? Identifica un problema social que debe abordarse e inventa una palabra que llame la atención del lector sobre el problema.

11. Varias traducciones en spanglish de Francisco J. Bustos aparecen en la colección, incluyendo "Poema Giver", "Strange Pájaro" y "Eulogy for Súper Pancho de la Tierra del Maíz", entre otros poemas. Utilizando el estilo literario de Bustos, traduce un poema de tu elección al spanglish, o invierte un poema al ingleñol. Observando de cerca el spanglish de Bustos, revisa ambas obras e invierte el lenguaje, traduciendo el inglés al español o viceversa. Utiliza tu licencia poética para inventar palabras y siéntete libre de introducir nuevas palabras y/o formas de expresión que capten el propósito del poema original.

12. La autora escribe poemas que honran el legado de sus antepasados y escribe los poemas, "Giver of Poems" / "Dador de poemas", que rinden homenaje a su predecesor literario, el poeta Francisco X. Alarcón. Haz una búsqueda en internet de la poesía de Francisco X. Alarcón. Después de analizar algunos de los poemas de Alarcón, responde a la

siguiente pregunta: ¿Cómo influye Alarcón en el estilo de la poesía de Sonia Gutiérrez?

El Martillo Press publishes writers whose pens strike the page with clear intent; words with purpose to pry apart assumed norms and to hammer away at injustice. El Martillo Press proactively publishes writers looking to pound the pavement to promote their work and the work of their fellow pressmates. There is strength in El Martillo.

El Martillo Press titles:

- *Paper Birds: Feather by Feather / Pájaros de papel: pluma por pluma*
  by Sonia Gutiérrez
- *Blackout* by Anna Lombardo
- *All Brown Boys Get Trumpets* by Matthew Cuban Hernandez
- *Chimeras Dream on Barren Lands* by Alex Alpharaoh
- *From Venice to Venice: Poets from California and Italy*
  edited by Mark Lipman and Anna Lombardo
- *detoxification of the body* by gabor g. gyukics
- *the daughterland* by Margaret Elysia Garcia
- *A Crown of Flames: Selected Poems & Aphorisms*
  by Flaminia Cruciani
- *WE STILL BE: Poems and Performances* by Paul S. Flores
- *God of the Air Hose and Other Blue-Collar Poems*
  by Ceasar K. Avelar

To purchase these books and to keep up with new titles, visit *elmartillopress.com*.